KB026552

교직원 K의 이중생활

교직원 K의 이중생활

초판 1쇄 2019년 04월 15일

지은이 방진섭 · 김세림 외 10인
발행인 김재홍
디자인 지식공감
교정 · 교열 김진섭
마케팅 이연실

발행처 도서출판 지식공감
등록번호 제396-2012-000018호
주소 경기도 고양시 일산동구 견달산로225번길 112
전화 02-3141-2700
팩스 02-322-3089
홈페이지 www.bookdaum.com

가격 11,000원
ISBN 979-11-5622-439-6 03190

CIP제어번호 CIP2019010957
이 도서의 국립중앙도서관 출판예정도서목록(CIP)은 서지정보유통지원시스템 홈페이지
(http://seoji.nl.go.kr)와 국가자료공동목록시스템(http://www.nl.go.kr/kolisnet)에서
이용하실 수 있습니다.

ⓒ KAIST 행정처 2019, Printed in Korea.

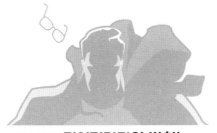

KAIST 직원기자단이 밝히는
즐거운 출근길 만들기 비법

교직원
K의
이중생활

총괄집필 방진섭 · 김세림

공동집필 고은송 · 김건웅 · 류현모 · 박재서 · 송미선
송인덕 · 양대범 · 윤미혜 · 주현규 · 최은진

🎖️ 방진섭

행정부장으로 News KAISTaff 편집국장이다. 소통하는 행정
소식지 '아이디어 회사'를 가동 중이고 조직문화에 관심이 많
다. 교육심리·상담 공부를 하며 지친 마음을 위로하고 포용하
는 가치를 배우는 한편 성공보다 행복, 물질보다
사람을 먼저 생각하는 세상이 소망이다.

⭐ 김세림

총무팀에 근무하면서 기자단의 간사를 맡고 있다.
기자 독려(기사 독촉)와 회의 준비(도시락 메뉴 선정)를 전문으로
한다. 가끔 돌아오는 휴간이 기뻤던 건 비밀, 그래도 기자단이
늘 자랑스럽고 뿌듯한 건 안 비밀이다.

⚡ 고은송

KAIST 행정의 에너자이저를 꿈꾸는 청년직원, 친근한 행정
메시지를 전달하는 공감요정을 목표로 뛰는 기자다. 많이 듣
고, 보고, 읽고 또 배우려 한다.

김건웅

홍보실에서 일한다. News KAISTaff 취재원들에게 많은 것을
배우고 느끼고 있어 진심으로 감사드린다. 홈페이지에 남긴 댓
글들이 정말 큰 힘이 된다.

 류현모

중앙분석센터에서 전자현미경 분석을 하고, News KAISTaff
의 테마 기획과 취재를 하고 있다. 기자단 일은 일상생활을 벗
어나 늘 새로운 빛깔로 찾아온다. 기사에 대한 숨은 열정이
나를 깨우고, 취재 도중 다가온 먹먹한 감정이 나를
적시기도 한다. 소소한 재미와 공감이 폭발하는
소식지를 만들고 싶다.

박재서

시간이 흐를수록 소중해지는 KAIST에서의 역할이 고민되는
행정직원이다. 다양한 KAIST의 모습을 만나고 소식지에 담아
내 보고 싶다.

⚜ 송미선

뽀족한 연필을 좋아한다. 마음도 점점 뽀족해지고 있다. 그러나 뽀족한 연필심이 사각사각 닳아 뭉툭한 연필심이 되듯 뽀족한 마음도 점점 둥글게 다듬어지겠지. 둥글어진 마음이면 삼라만상 따뜻하게 전할 수 있겠지.

⚡ 송인덕

사랑하는 KAIST 대덕캠퍼스에 어김없이 봄이 왔다. 오리연못가에서 장 시벨리우스의 핀란디아를 들으며 행정문화를 꽃피우는 상아탑을 생각한 1년이다. 직원기자단의 초롱초롱한 기획, 취재와 편집노력에 몸서리치도록 행복했던 세월이다.

♣ 양대범

서울캠퍼스 시설 감독이고 경험을 중요하게 여긴다. 기자단의 경험은 내 삶의 환기구이자 기분 좋은 추억으로 남을 것 같다. 파릇파릇한 신입직원이지만, 서울 특파원의 자세로 밝고 귀한 소식을 전하고 싶다.

🏵 윤미혜

과장된 행동파다. 오버하는 것을 좋아하고, 수다스럽다. 잘난
척도 좋아한다. "나 기사 쓰는 여자"라고 자랑하고 싶어 열심
히 기자단 활동 중이다. 나갈 생각은 '1'도 없다.

⚛ 주현규

특별히 잘하는 것은 없지만 보통은 되는 것 같고, 담배와 술
은 하지 않지만 딱히 건강한 것 같지도 않고, 가정에 충실하다
고는 하는데 집에서 인정은 못 받고, 생각은 많은데 논리
는 없고. 그래서 기자단 활동을 하는지 모르겠다.

♥ 최은진

화백을 꿈꾸었으나 "졸업해서 뭐 먹고 살래?" 라는
부모님 말씀에 덜컥 디자인학을 택해, 네 곳의 직장
에서 열정페이의 쓴맛을 보고 다섯 번째 직장에 뿌리를 내렸
다. 행정직으로 갈아탄 지 4년이 훌쩍 넘었지만, 디자인 전공
자라는 꼬리표 때문에 여기저기 불려다니는 외거노비다.

자발적인 조직문화의
상큼한 길잡이

활기찬 직장문화 조성을 위해 구성원들의 소통을 강조하는 추세입니다. 때맞춰 선보인 이 책은 KAIST 직원들이 스스로 나서 직원사회의 일상과 진솔한 이야기를 전하는 기자 도전기입니다. 도전정신과 사명감으로 행정소식지(News KAISTaff)를 내면서 겪어온 과정을 실감 나게 그려내고 있습니다.

직원기자단은 놀라운 추진력으로 News KAISTaff 시범호를 6호째 냈고, 11명으로 출발한 기자단은 어느덧 20명으로 늘었습니다. 기대보다 한결 빠르고 고무적인 성과입니다. 소식지 한 호 한 호를 읽을 때마다 발로 뛴 기자들의 땀과 애정을 느꼈고 독자로서, KAIST인으로서 저도 모르게 마음이 뭉클했습니다.

문득 시범호 1호 출간 후 기자단과 함께했던 뒤풀이가 떠오릅니다. 소식지를 만들며 느낀 애환과 벅찬 기쁨을 나누던 그들을 보며 저는 그동안 KAIST에서 느끼지 못했던 긍정 에너지를 한껏 받고 돌아왔습니다.

News KAISTaff는 매력적입니다. 특유의 사람 냄새와 밝은 기운, 그리고 KAIST와 직원에 대한 따뜻한 사랑의 시선이 담겨있습니다. 직원기자단이 자랑스러운 것은 모집에서 운영까지 자발적으로 이루어진 점입니다. 그들은 어떤 인센티브가 없어도 성취감이나 좋은 글을 쓰고 싶다는 하나된 목표로 직장에서의 특별한 경험 등을 찾아 알리기 위해 참여했고, 시간과 노력을 기울였습니다. 이 점이 차별화되는 KAIST만의 특색이고 News KAISTaff 고유의 색채입니다.

이들의 도전정신으로 KAIST의 조직문화에는 조용하지만 잔잔한 변화가 일기 시작했습니다. 역량을 지닌 직원과 높은 직무 만족도와 소속감 위에 긴밀한 소통문화가 더해진 것입니다. 교류의 채널과 메시지 창고가 생긴 것입니다. 돌이켜보면 News KAISTaff 발간은 시기적절하면서도 매우 바람직한 시도였습니다. 소식지는 1년여 동안 기자들의 열정 어린 노력에 힘입어 직원사회에 견고하고 성공적으로 뿌리를 내렸다고 자평합니다.

News KAISTaff는 직원들의 숨은 이야기를 발굴해 공유하고, 이벤트와 댓글로 참여를 유도함으로써 우리는 KAIST의 주인이라는 인식과 함께 직원의 자존감을 높이는 데 톡톡히 기여하고 있습니다. 직원들은 News KAISTaff를 통해 물리적인 거리를 뛰어넘어 서울캠퍼스나 다른 부서와 직원을 알아나갑니다.

서로 '안다'는 것은 '가까워진다'는 것이기에 소중합니다.

책이 나오기까지 힘들고 긴 도전의 시간을 벅찬 성과로 이뤄낸 직원기자단의 헌신과 수고에 찬사를 보냅니다. 특히 편집국장으로 집필 과정을 진두지휘해준 방진섭 행정부장님께도 고마움을 전합니다.

이 책을 통해 많은 분이 '우리도 할 수 있다'는 자신감을 얻으리라고 믿습니다. 아울러 자발적인 조직문화 함양을 구상하는 대학과 국가기관 및 기업 등 조직에서도 KAIST 직원기자단의 이야기가 상큼한 길잡이가 되기를 바랍니다.

KAIST 행정처장 김기한

직장생활의 무료함에
새로운 도전장

News KAISTaff를 만들기 위해 뭉친 KAIST 직원기자단의 도전 스토리를 책으로 내는 것이 꿈만 같다. 마치 구름 위에 둥둥 떠 있는 것처럼 실감이 나지 않는다. 설마가 현실이 되어 온 지난 약 일 년의 시간이 주마등처럼 머리를 스쳐 지나간다.

많은 직장인이 바쁜 업무와 일상에 치여 삶의 가치와 행복을 찾는 게 쉽지 않다. 하루하루 현실에 충실하며 살지만, 조직과 직장 내에서 우리라는 공동체 개념과 의식은 느낄 수가 없다. 부서 단위와 한정된 인간관계의 범주에서 이야기를 나누고 때로는 뒷담화를 하기도 하지만 이내 허전함과 공허함이 내 가까이에 들이닥쳐 있음을 직감한다.

News KAISTaff의 출발은 틀에 박힌 조직과 직장생활의 무료함에 새로운 도전장을 내민 것이다. 한 달에 한 번 살가운 메시지를 통해 구성원과 독자들에게 마음의 따뜻함과 즐거움을 줄 수 있으니 그 어떤 비타민이나 영양제보다 활력을 일으

키는 효과가 탁월하다. 게다가 어떠한 부작용도 없으니 그야말로 금상첨화이자 만병통치약에 다름없다.

자발적으로 모인 KAIST 직원기자단은 어벤져스 군단이다. 누구랄 것도 없이 서로를 통해 에너지를 주고받고 동기를 부여받는다. 마음을 움직이는 기사를 찾기 위해 밤낮없이 고민하고 기사 작성을 위해 하얗게 밤을 지새우면서도 열정이 사그라들기는커녕 되레 없던 에너지를 생성하는 마법사와 같은 재주를 지니고 있다.

이 책은 News KAISTaff의 발간 과정과 스스로 참여하여 활동하고 있는 KAIST 기자단의 감동적인 스토리를 담고 있다. 이 책을 통해 많은 조직과 기관에서 자발적인 공감과 참여의 조직문화 운동이 일어날 수 있는 계기가 되었으면 한다. 조직문화는 지금 현재도 너와 나 그리고 우리가 만들어가고 있기 때문이다.

이 책이 나오기까지 기자단의 노력과 열정뿐만이 아니라 선배, 후배, 동료 등 많은 사람의 응원과 격려가 있었다. 특히 KAIST 신성철 총장님과 김기한 행정처장님은 처음부터 행정소식지(News KAISTaff) 발행에 도전할 수 있도록 용기를 주고 배려해주셨다. 행정과 직원들에게 쓴소리를 아끼지 않으면서도 한편으로는 직원들이 자존감을 높이도록 적극적인 응원과 지지를 보내주고 계신다. 참으로 감사하다.

　이 책의 스토리는 KAIST 직원기자단이 자신들에게 하는 약속이다. 기자단에 참여하던 때의 자세와 열정을 잃지 않고 초심을 되새기며 앞으로 나아가자는 다짐이다. 시간이 흐르고 쉽지 않은 일들로 초심이 흔들릴 때마다 이 책을 통해 자신의 중심을 잡고 한 번 기자는 영원한 기자라는 정신으로 News KAISTaff의 영토를 함께 넓혀나가자.

　대한민국에 터 잡은 동병상련의 직장인들이여. 그대들의 소식지 만들기에 도전하라. 대한민국의 많은 조직과 기관들이여. 공감과 참여의 자발적인 조직문화 운동을 응원하라.

KAIST 한 골방에서
News KAISTaff 편집국장 방진섭

Contents

PART 3 | 가을. 해냈다 우리가

PART 1

봄, 희망의 노래

KAIST 행정소식지?
너 낯설다!

공감과 교류 낯설다보니 끼리끼리
근황 나누며 서로 응원할 창구 필요
행정 뉴스레터는 격려의 사랑방

2,000명!

와~ KAIST에 직원이 그렇게 많아? 완전 대기업이네~

KAIST에 근무하고 있는 사람조차도 잘 모르고 놀라는 사실이다. KAIST에는 1,200여 명의 교수와 11,000여 명의 학생 그리고 2,000여 명의 직원들이 상주해 치열하게 교육·연구 활동과 행정을 수행하며 삶을 영위하고 있다. 입주기업이나 시설·청소·경비·사감 등으로 일하는 인원까지 포함하면 인력 규모는 2만여 명에 근접한다.

상주인력이 적지 않으니 어디에서 누가 근무하는지 알지 못한다. 그저 자신이 속한 부서나 연구실에서 묵묵히 일하고 있을 뿐이다. 서로 교류할 수 있는 공식적인 모임이나 행사도 많지 않다. 세계 최고의 대학들과 어깨를 겨루며 치열하게 경쟁하는 분위기에 익숙해져 갈 뿐, 구성원들 간의 교류나 이야기하고 공감하며 공유하는 문화는 왠지 낯설다.

점심이나 저녁 시간 또는 메신저 등을 이용하여 끼리끼리 삼삼오오 자신과 주변, 학교에서 일어나는 일들을 이야기하고, 때로는 그것들을 반찬이나 안주 삼아 식사와 술잔을 기울이기도 한다. 그래서 우리들의 소식은 유관한 사람들의 식탁에서만 빙빙 맴돈다. 애경사야 포털을 통해 공지되고 메일을 통해 안내되지만 정작 우리들의 아름다운 사연이나 깊이 있는 이야기를 알기는 쉽지 않다.

형식적으로 공동체를 이야기하고 하나의 가족임을 강조하지만, 실질적으로는 공동체 의식과 가족의 따뜻한 정서를 느끼지 못한다. 오히려 공허함과 무관심에 익숙하고 되돌아보면 더 가까이에 허전함이 있다. 학생들은 동아리 활동과 지역·학교 등에 따라 모이고 축제를 통해 끼를 발산하며, 카이스트 신문이라는 매체를 통해 소식과 정보를 나누고 공유한다. 그러나 직원들의 경우는 다르다. 지역·학교별 모임은 주변의 시선을 의식하게 되니 왠지 모르게 불편하고 동아리 활동은 일부 동아리가 그나마 활성화되고 있을 뿐이다.

KAIST 행정소식지(News KAISTaff)는 이러한 무관심과 공허한 문화를 겨냥해 과감히 도전장을 내밀었다. 이 도전은 우리가 우리 힘으로 우리 문화를 새롭게 만들어 보자는 각오이다. 2,000명의 직원, 나아가 2만여 구성원들의 소식과 참여로 소통하고, 서로 힘을 모아 '우리', '함께'라는 가치를 추구하는 유쾌한 출항을 시작한 이유다.

의욕적인 직원은
생각보다 많다

"따르릉" 첫 지원 문의에 걱정 사라지고
미래 가치와 목표에 동행 발길 이어져
자발참여 에너지는 가능성의 전주곡

행정소식지를 누가 만들까?

새로운 도전은 의미가 있다며 고개를 끄덕이던 사람들도 막상 직원기자단을 모집하여 행정소식지를 꾸려가겠다는 포석에는 하나같이 걱정부터 내세웠다. 이유는 간단하다. 무관심과 냉소문화에 젖은 환경에서 선뜻 누가 지원하겠느냐는 것이었다. 여의치 않을 때를 대비해 차선책을 마련해야 하지 않겠느냐는 훈수도 들려왔다. 어떻게 하더라도 소식지를 만들어 보라는 애정이라고 애써 해석했다.

설마? 2,000명이나 되는 직원 중에 나름대로의 생각과 열정이 있는 동료들이 있지 않을까. 설령 부담된다 해도 나름대로 KAIST 생활 안에서 의미와 가치를 추구하는 분들은 있을 거야. 우리는 그렇게 자신과 서로를 위로하며 마음을 다잡았다. 그래, 동료인 우리 직원들을 믿어보고 한 번 해보자. 걱정과 기대, 우려와 초조함을 안고 행정소식지 발간을 위한 직원기자단 모집 안내의 화살은 시위를 떠났다.

초조함과 우려는 현실이 되는 것 같았다. 주변 반응도 취지와 목적엔 공감하지만, 과연 업무도 만만치 않은데 누가 올까 하는 회의론이 지배했다. 관심이 있어 지원해도 부서장의 눈치가 보여 제대로 활동할 수 있겠느냐는 현실론도 이어졌다. 들썩이는 한숨의 연속이었다. 우리 직원들이 이렇게 무심할까!

회의가 밀려왔다.

그러던 어느 날 전화벨이 따르릉 울렸다. 지원 문의였다. 부장님, 직원기자단에 관심이 있는데 찾아봬도 될까요! 희망의 서곡이었다. 변곡점이었다. 부장님, 직원기자단 참여 첫 신청이 들어왔어요! 그리고 11명. 흥분과 동시에 짜릿한 전율이 느껴졌다. 얼마 전 직원들에 대한 섣부른 예단이 희망과 자부심으로 변해 햇살처럼 마음속으로 밀려들어 오고 있었다. 냉소주의의 울타리를 뛰어넘어 직원기자단은 그렇게 구성됐다.

기자단을 꾸리려 했을 때 한편으로 걱정과 중압감이 없던 것은 아니었지만 동시에 생각을 함께하는 사람들이 있을 거라는 믿음도 있었다. 날이 지날수록 그 믿음은 설렘으로 자라나고 있었다. 세계 최고를 꿈꾸는 KAIST 아닌가. 뜻있는 직원들이 그 최상의 가치에 동참하고 목표를 채워가고 싶어 동행하리라는 예측은 적중했다. 문제해결의 열쇠는 의지라는 확신이었다.

우리 KAIST 직원들의 역량과 규모라면 세상에 어떤 것도 두려움이 없고, 하지 못할 것도 없다. 직원기자단은 선배, 후배, 동료 직원들의 참여 에너지와 응원을 기반으로 유쾌하고 멋진 항해를 계속할 것이다.

조직문화의 가장 큰 적은
무관심

푸념과 냉소는 쓰레기처럼 버리고
동행하니 더 빠른 조직문화 키워
가치와 자존감 살려 미래로 갈 때

우리 조직에 문화가 있어? 없는 것이 문화 아닌가?

때로는 자신이 속한 조직문화가 무엇일까를 생각한다. 조직문화는 조직마다 독특하게 가지고 있는 보편화된 생활양식이다. 다시 말해서 조직 내의 구성원 대다수가 공통적으로 가지고 있는 신념과 가치관, 행위규범과 행동양식 등을 통틀어 일컫는 것이다.

굳이 사전적인 의미를 따지지 않아도 좋다. 구성원끼리 서로의 생각과 가치를 관통하는 무언가가 바로 조직문화다. 그런데도 우리에게는 문화가 없다고 이야기하는 선배와 후배, 동료들을 만나면 의구심이 들 때가 많다. 조직문화는 만들어져 있어야 하는데 우리는 만들어져 있는 그 문화가 없다는 상실의 의미로 이해되기 때문이다. 특히, 선배들이 조직문화가 없음을 탓하거나 좋지 않은 조직문화를 이야기할 때면 더욱 동의가 쉽지 않다.

문화는 진행형이다. 조직에 좋은 문화가 만들어져 있거나 누가 만들어 주면 편하고 좋으련만, 문화는 순간순간 우리들의 말과 행동과 사고를 통해 만들어진다. 조직문화가 없다고 생각한다면 선배들이 만들어오지 못했음을 되돌아봐야 한다. 후배들이 조직문화가 없다고 생각한다면 이제부터라도 함께 만들어가자는 진취적인 생각을 취하는 자세가 필요하다.

우리 조직은 원래 그래, 나는 관심 없어, 하든지 말든지 투의 무관심과 냉소주의 문화를 버릴 때다. 스스로를 비웃는 자조와 푸념은 자존감을 더욱 낮게 한다. 지켜온 가치와 존재감을 상실하게 만들 뿐이다.

미래를 보자. 과거에는 관심 밖이었더라도 이제 서로에게 관심을 가져보자. 무언가를 하려 들면 칭찬하고 참여하고 응원해 보자. 잘되도록 격려하자. 이 같은 긍정과 공감의 에너지가 우리의 잠재역량과 열정을 깨우고 모두의 마음을 움직일 수 있도록 돕자. KAIST 그리고 행정과 직원의 문화를 너와 나 그리고 우리가 함께 만들어 보자.

행정소식지(News KAISTaff)와 직원기자단은 자발적인 행정의 조직문화를 만드는 시작일 뿐이다.

春

숨은 끼를 펼칠
판을 만들자

쳇바퀴 일상 벗고 행복가치 느낄 기회
역할 존중하며 더 듣고 더 격려하고
꿈이 있는 문화 공동발전의 길로 오라

취미로 그림을 그린다고 하더군, 누구는 사진을 찍고 전시회까지 할 정도라네, 그 사람 요즘 인기 있는 캘리그래피에 빠졌는데 너무 멋져, 육아 관련 책을 냈더니 베스트셀러래, 재즈를 즐기는 그이 노래 실력이 가수 뺨칠 정도야, 누구누구는 주말에 함께 MTB를 달린대요.

KAIST 울타리 안에서 생활하다 보면 주변에 나름대로의 취미생활을 넘어 전문가의 영역까지 진입한 직원들이 적지 않게 있음을 피부로 느낀다. 업무 이외의 여유시간에 자신만의 색깔 있는 취미와 여가활동을 즐기는 것이다. 때로는 개별적으로, 더러는 동료들과 어울려 공통점을 찾고 친목을 도모하며 삶의 가치를 추구하는 모습은 부럽다. 아름답기까지 하다.

반면 많은 직원은 때로는 업무에 치이고 육아에 지치고 인간관계로 상처받아 자신에게 잠재되어있는 꿈과 열정을 드러내거나 깨우지 못한다. 그들은 반복되는 일상에 파묻혀 살아가고 있다. 하루 대부분을 조직의 범주에서 살아가면서도 조직 생활에 즐거움과 행복, 가치를 제대로 느끼거나 부여하지 못하는 모습이 안타깝다.

우리의 정신과 육체에서 잠자고 있는 열정을 깨워 에너지를 발산하고, 작지만 아름다운 꿈들을 하나둘 펼쳐보는 것은 어떨까! 행정소식지(News KAISTaff) 얘기를 들려드리려 한다.

News KAISTaff는 우리들의 숨겨진 열정을 흔들어 깨우려는 발상으로 시작됐다. 단언컨대 직원기자단은 자신에게 숨겨져 꿈틀거리고 있던 무언가를 용기 내어 세상 밖으로 끄집어낸 열정을 가진 사람들이다.

News KAISTaff 기자단에는 취재를 통해 기사를 쓰는 기자만이 아니라 사진을 찍고, 편집과 디자인을 맡거나 홈페이지에 기사를 올리고 관리하는 기자들이 있다. 그림과 그래픽을 담당하거나 기자단 활동을 지원하고 기사 작성에 대해 조언하는 등 각기 다른 능력을 갖춘 직원들의 집합체이다. 이들은 각자의 역할과 역량을 존중하고 아낌없는 조언을 긍정적인 마인드로 수용하면서 한발 한발 앞으로 나아가고 있다.

이들의 발걸음은 시작에 불과하다. 기자단 생활은 반복적인 일상과 고루함과 진부함, 귀차니즘에서 벗어나 톡 쏘는 새로운 가치와 의미를 찾아 떠나는 여행이다. 우리의 항로가 KAIST 직원사회와 더 나아가 많은 조직과 직장에서 감추어져 있지만 꿈틀거리고 있는 꿈과 열정을 세상 속으로 끄집어내는 문화운동으로 방향을 잡는 계기가 되었으면 한다.

그래서 우리가
한번 해봤습니다

꿈과 열정으로 부르는 희망가
도전을 품어주면 그것이 포용
아카데믹 소통 플랫폼 열칠 때

News KAISTaff와 직원기자단의 도전은 착하고 슬기한 용기다. 분별없이 함부로 날뛰는 용맹함인 만용이 아니다. 누군가가 시도하지 않았고 누구도 가지 않았던 미지의 길을 개척해나가고자 하는 꿈과 열정과 의지로 뭉친 진정한 용기다.

"주제 넘는 짓을 하네." 우리는 때로 이렇게 누군가를 힐난하기도 한다. 그 표현 속에는 계급적이고 위계적인 발상과 다른 사람을 비하하는 의도가 숨겨져 있다. KAIST도 크게 다르지 않다. 때로 "감히 직원들이, 하는 일이나 잘하시지요, 많이 컸네." 따위의 거친 표현으로 어떤 행동과 도전과 시도가 주제 넘는 것으로 폄하되기도 한다.

이러한 사고와 태도는 조직의 발전과 바람직한 문화 형성에 도움이 되지 않는다. 자조적인 생각과 표현들이 누적될수록 새로운 도전은 움츠러들기 마련이다. 사기는 떨어지고 어떠한 동인도 되지 못한다. 그야말로 미라나 박제된 삼라만상이다. 숨은 쉬고 있지만, 희망이 사라진 무기력한 존재를 떠올려보라. 지금 우리가 나서는 까닭이다.

따뜻한 박수로 도전을 격려하자. 믿고 존중하여 KAIST를 살찌우자. News KAISTaff와 직원기자단도 다르지 않다. 앞으로 새로운 도전과 시도가 계속될 수 있도록 품어주고, 실패하더라도 용기와 도전이 멈추지 않도록 더욱 뜨겁게 응원해주자.

하나의 소식지를 내기 위해 보통 4차례의 치열한 토론을 하고, 관심과 유익·흥미를 유발하는 새로운 아이디어를 짜낸다. 때로는 부담감이 온몸을 짓누르고 가슴이 먹먹하거나 답답해지기도 하지만, 도전을 향한 열정 앞에서는 통하지 않는다. 에너지를 멈추게 하지는 못한다. 오히려 기사에 달리는 응원의 댓글과 격려의 메신저가 용기를 넘치게 할 뿐이다.

News KAISTaff와 직원기자단이 KAIST와 직원이라는 한계에서 벗어나 많은 대학에 새로운 직원문화를 자발적으로 만들어갈 수 있도록 참신한 지혜와 용기를 줄 수 있다면 대만족이다. 대학에서 직원들의 자발적인 소식지 발간 운동이 활발하게 이루어진다면 머지않아 소식지 연합도 이루어지고 서로 소통하고 공유하는 아카데믹 문화 플랫폼이 만들어질 수 있을 것이다.

방진섭

행정부장으로 News KAISTaff 편집국장이다. 소통하는 행정소식지 '아이디어 회사'를 가동 중이고 조직문화에 관심이 많다. 교육심리·상담 공부를 하며 지친 마음을 위로하고 포용하는 가치를 배우는 한편 성공보다 행복, 물질보다 사람을 먼저 생각하는 세상이 소망이다.

PART 2

여름, 빗나간 우려

어설퍼도 괜찮아,
처음이니까

개성과 저력 갖춘 다양한 인재 몰려
"따뜻한 소통터미널, 이런 것은 어떨까"
서툴지만 거침없이, 로컬리티 살리고

이메일로 기자단 모집 공고를 내보냈지만, 솔직히 회의적이었다. 다들 자기 일도 바쁜데 기자 일을 자청해서 하겠다는 사람이 있을까? 아무런 인센티브도 없이 오로지 자기계발을 위해서?

예상은 빗나갔다. 메일 공고만으로 1차로 10명의 기자단이 꾸려진 것이다(이후 박누리 기자와 김영호 기자가 퇴직했고, 주현규 기자와 양대범 기자, 송미선 기자가 합류하여 2019년 1월 현재 11명으로 운영되고 있다). 이미지 작업을 맡을 최은진 기자를 따로 섭외한 것 빼고는 모두 자발적으로 기자단 문을 두드렸다. 공고를 낸 사람도 놀라고 주변에서도 신기해했다.

그렇게 모인 기자들의 면면도 특별했다. 카이스트 입사 12년차 간사도, 20년 넘게 근무한 방진섭 행정부장(편집국장)도 처음 보는 직원들이 꽤 있었다. 그리고 다양했다. 신입직원부터 퇴직을 앞둔 직원까지, 이공계 출신부터 전직 기자, 서울캠퍼스 직원을 포함하여 나이도, 부서도, 직급도, 경력도 각양각색이었다.

카이스트가 더 밝고 훈훈해지기를 바라는 마음에서, 글 쓰는 능력을 키우고 싶어서, 반복되는 회사 생활 속에서 특별한 경험을 찾아, 본원과 서울캠퍼스 간 원활한 소통을 위해, 지원 동기는 하나하나 빛났다. 이들의 선한 의도와 다양성은 기자단의 엄청난 원동력이 될 터였다.

2018년 3월 27일 화요일 오전 10시, 기대감과 막막함을 품고 여덟 사람이 회의 테이블에 둘러앉았다. 어색한 분위기에서 한 명 한 명 자기소개를 이어갔고, 행정소식지 편집국장으로서 기자단을 이끌어 갈 방진섭 행정부장이 직원기자단과 소식지의 취지를 설명했다. 과연 잘 해낼 수 있을지, 얼마나 오래갈지, 당장 뭘 해야 할지 등등 머릿속에 물음표가 가득했지만, 기자단의 행보는 시작됐다.

일단 바로 다음 주에 첫 워크숍을 열었다. 장장 5시간 동안 이어진 워크숍에서 소식지 운영 방향이 논의됐고, 시범호 발간을 위한 기본 틀, 코너, 그리고 발간 첫 호가 될 5월호 기사 아이템과 담당기자 배정까지 이루어졌다.

한 문장으로 정리해서 그렇지 논의 과정은 결코 쉽지 않았다. 대부분 뉴스레터 발간이나 취재 경험이 없어 기자나 간사나 막막하기는 매한가지였다. 덜컥 나선 초행길은 깜깜했고, '시범호'라는 이름의 방패를 들고 한 걸음씩 더듬거리며 나아가는 형국이었다.

기쁘게 만드는 즐거운 읽을거리

이 두 번의 모임에서 소식지의 겉과 속이 거의 갖춰졌다. 일단 시범호로 시작해 경험과 실력을 쌓으면서 정식 소식지로 넘어간다. 발간 주기는 월 1회로 하여 시의성을 확보하고, 온라인 이메일 뉴스레터로 발간한다. 인쇄물로 제공하려면 편집 기간이 길어져 발간 주기가 길어지는 단점이 있다. 콘텐츠는 메인 기사 2개, 스트레이트 기사 3개로 총 5개 기사와 제호 공모, 기자단 모집 공고, 기자단 소개로 구성했다.

겉모습보다 더 치열하게 논의할 부분이 소식지의 '속', 즉 '정체성'이었다. 어떤 소식지를 만들고 싶은가? 무엇으로 다른 소식지와 차별화할 것인가? 어떻게 독자를 끌어당길 것인가?

받는 즉시 휴지통으로 들어가는 수많은 소식지 중 하나를 만들기는 싫었다. 누구나 다 아는 행정 이슈를 전달하는 뻔한 소식지? 이왕이면 즐겁게 만들고 즐겁게 읽을 수 있는 소식지가 백번 낫지 않은가.

행정소식지는 만드는 사람도 읽는 사람도 교직원이다. 우리가 제일 관심 있어 하는 건 우리 자신과 그 주변이다. 따라서 소식지의 주제는 교직원과 그 주변에서 벗어나면 안 된다. 로컬리티(Locality)를 확보함으로써 독자의 관심을 끌고 다른 소식지와 차별화할 수 있다는 건 행정소식지의 큰 장점이다.

그렇다면 교직원의 이야기 중 무슨 이야기를 어떻게 다룰 것인가? 기자단에서 정한 소식지의 가장 큰 지향점은 밝음과 소통이었다. 직원사회의 미담과 사적인 이야기를 공유하는 공간, '문턱을 낮춘 사랑방'을 만들고 싶었다. 소식지를 통해 직원들이 서로를 더 잘 알게 되고, 더 깊이 이해하는 계기가 된다면 그만큼 보람찬 일은 없을 것이다.

행정소식지는 기본적으로 직원사회와 행정 이슈를 다루지만, 학교의 또 다른 구성원인 교수, 학생과 직원 간 소통을 늘리는 창구로서의 역할도 늘 고민하고 있다. 학생이나 교수사회에서 보는 행정의 모습에 눈을 돌리면, 다 함께 발전하는 건 물론이고 직원, 행정에 대한 잘못된 고정관념이나 인식도 바로잡을 수 있을 것이다.

비포장도로도 매끄럽게 다듬어

직원기자단 창단 후 어느덧 1년이 지났다. 그동안 기자단이 밟아온 길은 첫 워크숍 때처럼 서툴고 더뎠지만, 거침없고 꾸준했다. 어설픈 솜씨일지라도 직접 발로 뛰어서 쓰고, 그리고, 만들어냈다. 누구라도 할 수 있는 일이지만, 누구나 하는 건 아니다. 1호 기사와 6호 기사를 비교해보면 그 발전상이 한눈에 보인다.

자신감 부족, 주변의 회의적인 시선, 귀찮음… 도전을 가로막는 장애물은 많다. 직원기자단은 이 모두를 뛰어넘어 도전했고, 소식지 한 호 한 호를 만들 때마다 새로운 도전에 맞닥뜨린다. 이들이 가는 길이 비포장도로인 건 확실하다. 하지만 함께 가는 동안 길이 점점 매끄러워진 것도 분명하다.

* 첫 워크숍에서는 로컬리티를 내세운 편집방향으로 차별화하면 독자 확보에 도움이 될 것이라는 의견이 모아졌다.

누가 뭐래도 제일 재밌는 건
사람 얘기

밝음과 소통은 위안과 울림 주고
새롭지만 낯설지 않은 공감대 형성
온기 담아 전하니 하나 되는 우리

카이스트에는 지금 순간에도 수많은 이벤트와 사건이 일어나고 있다. 그중 어떤 이야기를 다룰지 정하는 것이 행정소식지(News KAISTaff) 편집과정의 1단계이자 가장 중요하고 어려운 작업이다.

News KAISTaff가 처음부터 추구해 온 기본 가치는 밝음과 소통이다. 그래서 카이스트 안에 숨어있는 미담가화를 찾는 게 직원기자단의 1번 과제이다. 소소하지만 따뜻한 이야기, 밝은 기운을 나눌 수 있는 이야기를 담으면서도 어느 한 부서나 주제에 치우치지 않아야 한다.

그동안 News KAISTaff에서는 다양한 카테고리의 주제들을 다루어왔다. 첫째로, 직원들의 잘 알려지지 않았던 모습을 찾아 나섰다. 육아휴직 기간에 이유식과 유아식 서적을 발간한 직원 인터뷰(3호, "책을 냈다는 사실이 꿈만 같아요"), 전기차로 출퇴근하는 직원들 이야기(3호, "깨끗한 지구 우리가 지킨다! - KAIST EV 특공대"), 동기가 37명이나 되는 2011년 입사자 인터뷰(6호, "놀라셨죠, 우리 동기 37명이에요!")는 주변에 있는 직원들의 새로운 모습을 담아 흥미를 유발하고 공감을 불러일으켰다.

그 새로운 모습 안에는 누구나 공감할 수 있는 보편적인 감정과 고민이 들어있다. 육아휴직 기간에 책을 출간하는 일은 평범하지 않다. 하지만 스토리를 깊이 들여다보자. 어린아이를 키우는 부모라면 누구나 공감할 육아의 어려움, 워킹맘으로서의 고충, 가족을 향한 따뜻한 사랑이 바탕에 깔려 있다. 동기가 37명이나 되는 기수는 전무후무하지만, 그들의 이야기 속에 담긴 신입직원 시절의 느낌이나 중견 사원으로서 안고 있는 고민은 같은 카이스트 직원으로서 얼마든지 공유 가능한 감정이다. 다른 이들도 나와 비슷한 생각과 고민을 하고 있다는 걸 깨달으면서 공감과 위안을 얻는다. 미담가화의 힘이다.

눈에 띄지 않는 것에 귀 쫑긋 세우고

눈에 띄지 않는 곳에서 묵묵히 자기 역할을 수행하는 분들도 주목했다. 캠퍼스 폴리스, 문서 수발실 선생님, 기숙사 사감 선생님은 항상 구성원들 곁에 있으면서 학교가 원활히 돌아가는 데 꼭 필요한 존재이지만, 이들의 노고는 잘 알려지지 않았다.

출퇴근하면서 매일 마주치는 캠퍼스 폴리스가 교내 교통안전과 사고 처리를 담당한다는 건 알았지만 방전된 차량의 배터리를 충전해주거나, 자전거 열쇠를 잃어버린 학생의 자전거 잠금장치를 풀어주고, 다리를 다쳐 거동이 불편한 학생을 기숙사에서 창의학습관까지 매일같이 태워주기도 한다는 건 소식지를 통해 처음 접한 사람이 많을 것이다(4호, "파란 제복의 수호자").

"바쁘다 바빠, 기숙사 24시"(6호)에서는 세종관 사감 선생님을 만나 학생 기숙사 사감의 업무와 에피소드, 고충을 담아냈다. 119를 불러 만취한 학생을 병원에 보낸 일, 침대 밑에 빠진 휴대전화를 찾아주고, 자녀가 전화를 받지 않는다고 연락해 온 학부모를 응대하는 일 등, 사감이 다루는 갖가지 민원과 업무들은 일반 부서에서는 쉽게 알 수 없는 일이다.

News KAISTaff에서는 이렇듯 보이지 않는 곳에서 학교 행정의 윤활유 역할을 하는 직원들을 계속 발굴하고 조명하려 한다. 마땅히 박수받을 사람이 박수를 받고, 직원 간에 서로 감사하는 마음을 지닌 채로 일한다면 훨씬 기분 좋고 따뜻한 직장생활이 되지 않을까?

소통은 기자단뿐만 아니라 시대의 화두이다. News KAISTaff에서 말하는 소통은 구성원과 구성원을, 부서와 부서를, 캠퍼스와 캠퍼스를 잇겠다는 포부이다.

기자단에서는 News KAISTaff 5호를 서울캠퍼스 특집으로 꾸렸다. 기자단에도 서울캠퍼스 직원이 2명 있지만, 매번 화상으로 하는 회의에는 한계가 있는 게 사실이다. 물리적 거리가 주는 심적 거리는 무시하기 어렵다.

결과적으로 서울캠퍼스 특집은 매우 뜻깊은 호로 남았다. 서울캠퍼스를 속속들이 설명할 수는 없었지만, 최소한 안면은 트지 않았나 싶다. 서울 직원들은 소속감, 유대감을 둘러싼 아쉬움을 조금이나마 말할 수 있었고, 대전 직원들은 서울캠퍼스도 카이스트라는 인식을 다시 한 번 새겼으리라 믿는다. 서울캠퍼스를 직접 방문한 기자단에게는 한층 더 의미 있는 경험이었음은 말할 것도 없다.

소통이 원활하려면 먼저 서로 충분히 알아야 한다. 입학전형팀, 발전재단 기사 같은 부서 탐방 기사도 그러한 맥락에서 계속 이어갈 것이다. 행랑 시스템이 대전캠퍼스와 서울캠퍼스를 이어주듯 News KAISTaff는 기사로 구성원들을 이어주는 다리가 되려 한다.

듣고 싶은 것은 역시 사람 이야기

News KAISTaff 시범호 마지막 호 발간과 함께 설문조사를 진행했었다. "가장 인상 깊었던 기사는 무엇인가요?" 응답 결과는 공동 1위였다. 1호 첫 Highlight 코너 기사로 실었던 신입직원 인터뷰("2018년도 신입직원 12인, 그들이 밝히는 유쾌한 비화")와, 2호 Highlight 코너 기사인 은퇴 예정 직원 인터뷰("아름다운 은퇴, 퇴직 예정자 선배님들의 이야기")다.

사실 첫 호, 두 번째 호에 실린 기사라 퀄리티는 뒤에 나온 기사들이 나을 텐데도 독자들은 이 두 기사를 1순위로 꼽았다. 그건 어떤 의미일까? 기사의 질은 당연히 중요하겠지만, 직원들이 듣고 싶어 하는 이야기를 하는 것이 가장 중요하다는 것, 그리고 듣고 싶어 하는 이야기는 역시 내 바로 옆에 있는 사람들의 이야기라는 것 아닐까?

사람 냄새나는, 온기 있는 이야기를 찾아 News KAISTaff라는 그릇 위에 솜씨 좋게 담아내는 것. 거기에 News KAISTaff의 앞날이 달려있다.

이름을 지어주세요

'이야기 행정' 등 응모작 21건 놓고 투표
기관명과 정체성 합친 News KAISTaff 확정
제작 구독주체 명확히 표현, 방향도 설정

행정소식지는 현재 "News KAISTaff"라는 멋진 이름을 달고 발행된다. 기획 단계에서 행정소식지는 "폴라리스(Polaris, 북극성)"라는 가칭으로 불렸었다. 항해자들의 길잡이이자 나침반 역할을 했던 북극성처럼, 행정이 나아가야 할 방향을 알려준다는 의미였다.

폴라리스라는 가칭도 좋았지만, 직원들이 손수 만들어가는 소식지인 만큼 이름을 짓는 데도 직원들이 직접 참여하면 더욱 의미 있을 것 같았다. 여러 사람이 머리를 맞대면 신선한 아이디어들도 더 많이 나올 테고. 그렇게 행정소식지 제호 공모를 시작했다.

우리 미디어, 작명도 우리 힘으로

제호 공모 신청을 받은 11일 동안 총 21건의 다양한 응모작이 접수됐다. '이야기 행정', '카이스토리', '공감통', '행정통', '카이음' 등 '소통'을 강조한 이름이 단연 많았고, '이야기 4.0'처럼 4차 산업혁명에서 아이디어를 얻은 응모작도 있었다.

당선작 선정을 위해 각 기자들은 접수된 응모작 중 1순위부터 5순위를 선정해 점수를 매겼다. 공정한 평가를 위해 기자단 중 제호 공모에 참여한 기자들은 평가에 참여하지 않았고, 응모자 정보도 모두 비공개로 진행했다.

이런 과정을 거쳐 '뉴스 카이스탭(News KAISTaff)'이 행정소식지의 제호로 최종 선정됐다. News에서 소식지의 정체성을, KAIST와 Staff를 합친 KAISTaff에서 우리 기관을 비롯해 직원이라는 행정소식지 제작과 구독 주체를 정확히 표현하는 제호였다. 시범호 제2호부터 News KAISTaff는 공식 제호로 사용되어, 소식지 웹사이트 최상단에서, 발간 메일과 학교 홈페이지 뉴스레터 란에서 존재감을 뽐내고 있다.

이처럼 많은 분의 관심과 참여 덕분에 행정소식지는 어엿한 이름을 얻었다. 어리둥절한 가운데 첫 워크숍을 열어 소식지의 틀과 발간 방향을 잡았고, 일단 해보자는 마음으로 밀어붙인 끝에 시범호 1호가 나왔다. 그리고 이제 이름도 얻었다.

될까? 하고 고민했던 것들이 되네? 하고 바뀌는 순간이 하나씩 쌓이고 있었다. 아직 부족한 점이 많지만, 차근차근 갖춰 나가면 꽤 괜찮은 결과가 나올 것 같았다. 이제 기본은 마련했으니 조금씩 갈고 닦아 완성도를 높여갈 단계였다. '만드는 데' 의의를 두는 것을 넘어, '잘 만들고 흥미롭게 읽히는' News KAISTaff가 될 수 있도록.

대세는 비주얼

사람들이 콘텐츠를 전달하는 방식은 텍스트에서 점차 이미지로 넘어가고 있다. 인터넷 커뮤니티는 블로그에서 인스타그램과 유튜브로 옮겨가고, 활자로 전달되던 정보는 이미지와 동영상으로 모습을 바꿔 간다. 쏟아지는 정보의 홍수 속에서 사람들은 단시간에 필요한 정보를 습득하려 하고, 특유의 직관성을 지닌 이미지와 동영상은 이 시대에 정보를 전달하는 주요 수단으로 자리매김했다.

직원들은 바쁘다. 메일함에 쌓이는 수많은 메일 중 News KAISTaff를 클릭해 5개의 기사를 꼼꼼히 읽을 시간적, 심적 여유가 별로 없다. 이런 독자들이 기사를 읽게 하려면 높은 가독성은 필수다. 우리는 독자들의 눈을 사로잡고, 정보 전달력을 높이기 위해 사진이나 삽화 같은 이미지를 적극적으로 활용하기로 했다.

텍스트를 이미지로, 강조는 도표로

먼저 텍스트를 이미지화한 대표적인 기사로 3호에 실린 "같이 알자, 알면 득이 되는 깨알 Tip!"을 꼽을 수 있다. 시내 출장 신청 시 혜택, 육아용품 나눔 게시판 등 소소하지만 유용한 팁들을 카드뉴스 형식으로 제공하여 내용이 한눈에 쏙 들어오게 했다. 담당기자였던 박재서 기자는 "깨알 Tip"이라는 기사 제목에 따라 정말로 깨알을 줍는 모습을 그려 넣는 센스로 웃음을 자아냈다.

특별한 내용을 강조할 때는 도표나 지도를 적극 활용했다. "놀라셨죠, 우리 동기 37명이에요!"(6호)에서는 캠퍼스 약도에 누가 어느 건물에서 근무하는지 표시한 이미지를 삽입하여, 수많은 입사 동기들이 캠퍼스 전역에 분포하고 있음을 강조했다. 입학전형팀을 조명한 "그들의 봄은 우리의 여름보다 뜨겁다"(3호)에서는 전국 방방곡곡을 돌며 입학 설명회를 개최하는 입학 전형팀의 발자취를 지도로 보여주었다.

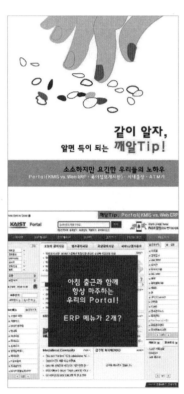

현장감 살린 사진 생동감

News KAISTaff 1호에서 KAIST에서 개최한 글로벌 행정 포럼을 기사로 다룬 적이 있다. 사진이 20장이나 들어간 기사였는데, 첫 호여서 아직 보도 사진에 대한 개념이 없을 때였다. 행사사진 하면 떠오르는 현수막 아래에 일렬로 서서 찍은 단체 사진들을 보고 송인덕 기자가 포인트를 집어냈다. 동적인 사진이 기사를 살린다는 말이었다. 카메라를 정면으로 보고 찍은 사진 대신 자연스러운 스냅 사진을 써서 현장감을 살려야 한다고 했다.

담당기자는 사진을 확 바꿨다. 발표를 경청하고 있는 직원의 옆모습, 토론 패널 한 명 한 명이 발언하는 모습을 클로즈업한 사진, 참가자들끼리 자연스럽게 대화하는 장면 등 현장의 분위기를 담은 사진을 선별해 넣자, 기사는 180도 달라졌다. 단조롭게 사실을 전달했던 글에서 생동감이 듬뿍 묻어났다. 그리고 사진과 사진 아래 달린 설명만 봐도 어떤 일들이 있었는지 파악할 수 있어 가독성도 훨씬 올라갔다. 이 정도면 '심폐소생술'이라고 해도 되지 않을까?

　2호에 실린 "2018 교직원 춘계 체육행사 개최" 기사의 시설팀 사진도 같은 맥락으로 볼 수 있다. 부서별로 실시했던 체육행사 중 특별한 행사를 모아 기사에 담았는데, 그중 하나가 시설팀의 바다낚시였다. 배에 탄 시설팀 직원들이 자유로운 포즈로 찍은 사진과 우럭을 낚은 시설팀장의 사진은 백 가지 표현보다 강렬한 현장감을 전달했다.

숨겨진 끼를 발산하자

News KAISTaff에 실리는 사진을 비롯해 각종 홍보물과 안내 자료는 대부분 최은진 기자의 손을 거쳐 탄생한다. 특히, 카이스트 공식 캐릭터인 '넙죽이'를 이용해 만든 각종 삽화와 포스터, 이미지 자료들은 특유의 아기자기함과 재치로 무장하여 독자들이 News KAISTaff에 좀 더 편안하게 다가갈 수 있도록 해준다.

　비주얼 콘텐츠 담당자가 필요하다는 이야기는 기자단 첫 워크숍 때부터 있었다. 기사 가독성을 높이고 더욱 많은 독자를 유입하려면 앞으로도 기사 내용만큼 디자인에도 관심을 가져야 하고, 인력 충원도 필요할 것이다.

　이미지는 제작 능력도 중요하지만, 더 중요한 건 아이디어다. 획기적이고 재미있는 디자인은 좋은 아이디어에서 출발한다. 아이디어는 다 함께 만들어가는 것이다. 앞으로 많은 직원이 기자단에 합류해 감춰뒀던 끼와 재치를 마음껏 발산했으면 한다.

댓글 먹고 살지요

캠퍼스폴리스 보도되자 감사마음 릴레이
7월 이후 찬사와 격려 120건 이어져
삼행시 이벤트는 웃음 주는 공감 한마당

기자단은 한 호 한 호 소식지를 내면서 조금씩 제작요령을 터득했다. 실력향상도 엿보였다. 내 글이 기사로 나왔을 때의 뿌듯함을 어찌 설명할 수 있을까. 처음에 가졌던 두려움과 막막함이 성취의 즐거움과 자존감으로 바뀌고 있었다.

이제 독자의 참여가 필요했다. 참여는 독자와의 호흡 맞추기다. 우리에게 재미있는 것도 중요하지만, 우리만 재미있어서는 의미가 반감된다. 우리에게 1, 2호는 도전의 뜻이 깔린 시험적인 발행이었고, 어느 정도 모양새를 갖춰가는 추세에서 쌍방향 커뮤니케이션이 긴요했다.

쌍방향 소통에 기자단 자존감 쑥쑥

목적은 두 가지였다. 독자들의 반응과 피드백을 확인하는 것과 참여와 소통을 이끌어내는 것이었다.

홈페이지 방문 수와 기사 클릭 수를 보면 몇 명이나 소식지를 읽었고, 어떤 기사에 관심이 많았는지를 파악할 수 있다. 하지만 구체적으로 무엇이 좋았는지, 싫었는지, 어떤 느낌을 받았는지는 독자들이 먼저 알려주지 않으면 확인할 길이 없다. 그래서 시작한 것이 7월호 댓글 이벤트이다.

기사에 댓글을 단 사람들에게 교내 카페에서 사용할 수 있는 음료 쿠폰을 선물하기로 했다. 이전까지 기사에는 댓글이 거의 없었다. 의견이 없어서일 수도 있지만, 다른 사람들에게 공개되는 것을 꺼리거나 첫 댓글이 부담스러웠을 수도 있다. 하지만 댓글이야말로 독자가 가장 간편하게 의견을 전할 수 있는 자유로운 창구다. 한 줄, 혹은 한 단어만 써도 상관없고, 익명으로도 가능하다. 이벤트 기간에 26개의 댓글이 작성됐고, 전체 6호를 통틀어 120개의 댓글이 달렸다. 이 중 118개가 7월 이후 달린 댓글이다. 댓글 이벤트가 물꼬를 텄고 독자들은 반응을 남기는 것에 대한 부담이 줄고 있었다.

댓글은 기사에 대한 긍정적인 후기나 응원의 말이 대부분이다. 부정적인 피드백을 공개적으로 남기기는 아무래도 쉽지 않을 것이다. News KAISTaff의 부족한 부분은 설문조사 같은 방법을 활용해 파악하고 보완해나갈 필요가 있다.

그렇다고 긍정 일색인 댓글은 의미가 없을까? 단순히 자화자찬에 머무르는 것일까? 전기차 출퇴근 직원들을 심층 취재한 기사의 댓글에는 인터뷰에 응했던 직원이 충전시설 설치에 도움을 준 학교 시설팀에 감사의 마음을 전했다. 카이스트 캠퍼스 폴리스(캠폴)를 다룬 기사에는 캠폴의 노고에 감사한다는 댓글이 잇따랐고 책을 낸 베스트셀러 직원 기사에는 존경의 마음을 전하고 응원한다는 댓글들이 올라왔다.

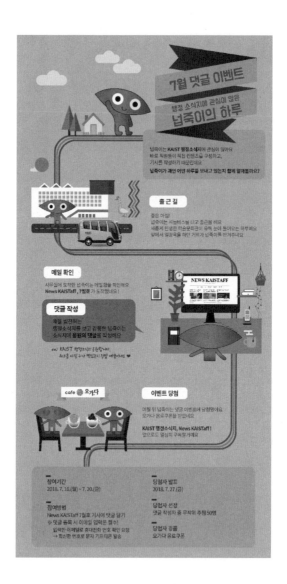

희망과 배려가 키워주는 가능성

독자들은 기사를 읽은 뒤 댓글을 통해 다른 구성원과 직접 소통하고 공감의 메시지를 전했다. 댓글을 읽은 시설팀 담당자는 당시에는 힘들었지만 이런 게 보람이구나 하면서 뿌듯해 하지 않았을까? 캠폴 선생님은 그동안 고생하고 애쓴 게 헛되지는 않았구나 하고 잠시나마 위안을 받지 않을까? 기자단도 다르지 않다. 응원 댓글에서 매번 보람을 느끼고 원동력을 얻고 있다. 쓰는 사람의 한 구절이 읽는 사람에게 열 마디로 퍼지지 않던가. 칭찬과 공감의 댓글이 내뿜는 강력한 힘이다.

조재우 댓글:
2018-07-19 11:13 오전
취재하시느라 고생 많으셨네요~ ^^ 잘 정리해 주셔서 감사합니다!
전기차를 타면서 시설팀에서도 많이 도와주심을 느끼는데요, 이 자리를 빌어 감사의 인사 드립니다 ^^

박봉섭 댓글:
2018-09-10 8:54 오전
수고하시는 캠폴 선생님들께 감사의 박수를 보내드립니다…감사 합니다.

이미희 댓글:
2018-09-10 10:10 오전
항상 곁에서 든든히 지켜주셔서 감사합니다.
선생님들 덕분에 밤에도 무섭지 않아요~^^ 꾸벅꾸벅
우리들의 슈퍼맨~

9월호에는 삼행시 이벤트를 열었다. '소참행'('소'소하게 '참'여하는 '행'복)이라는 주제어로 삼행시를 지어 댓글로 다는 이벤트였다. 독자들의 참여를 끌어내는 한편, 바쁜 일상에서 잠시 벗어나 간단한 창작을 통해 머리를 식히는 기회가 되기를 바랐는데, 댓글이 29개나 달렸다. 삼행시를 읽으면서 웃음도 났었고, 직원기자단과 News KAISTaff를 응원하는 내용에는 감동하기도 했다.

이 두 가지 이벤트를 통해 우리는 희망과 가능성을 봤다. 직원들이 참여해 함께 만들어가고 소통하는 News KAISTaff라는 것이 결코 불가능하지 않은 꿈으로 여겨졌고, 내면에 예술적인 감성과 기상천외한 아이디어를 품고 있는 직원들이 훨씬 더 많을 거라는 확신으로부터 자신감이 생겼다. 알맞은 촉진제를 써서 직원들이 숨은 끼와 이야기를 꺼내놓게 할 수만 있다면 News KAISTaff는 앞으로 훨씬 다채롭고 풍부한 소식지로 거듭날 수 있을 것이다.

내 집 마련, 어렵지 않아요
- 홈페이지 만들기

'전입신고 끝' 월별보기 등 한눈에
건강한 흑색 제호 상단에 자리 잡고
즐기자는 콘셉트가 자신감과 여유로

News KAISTaff는 네이버 블로그로 시작했다. 홈페이지를 만들었으면 했지만, 직원기자단에 전산 쪽을 잘 아는 사람이 없었고, 기사 쓰기도 벅찬 기자들에게 홈페이지 작업까지 요청할 수는 없는 노릇이었다.

아무래도 아쉬운 느낌이 있던 터에 직원기자단에 새로 합류한 주현규 기자가 아이디어를 냈다. '워드프레스'라는 인터넷 사이트를 활용해보자는 의견이었다. 다들 처음 들어보는 이름이었지만, 사실 워드프레스 기반 웹사이트는 전 세계 웹사이트의 30%를 차지할 정도로 어마어마한 규모였다. 무료로 시작할 수 있고 다양한 샘플 디자인이 있어 비교적 쉽게 홈페이지를 만들 수 있었다. 대부분 컴알못인 기자단은 사막에서 오아시스를 만난 듯 주현규 기자에게 고마움을 표하며 홈페이지 작업을 일임했다.

부족했던 2%를 채우고

다음 회의에서 주현규 기자가 홈페이지 사이트를 열어 보여주자 모두 감탄했다. 상단 정중앙에 "News KAISTaff"라고 대문짝만한 제호가 박힌 비주얼은 기존 블로그에 비하면 그야말로 '있어보였다'. 다른 블로그들과 차별화되지 않았던 1호를 생각하면, 이제야 우리만의 소식지 같은 느낌이 들었다. 그렇게 2호부터는 워드프레스 기반 홈페이지를 플랫폼으로 News KAISTaff가 나갔고, 기존 1호 기사들도 모두 홈페이지로 옮겨졌다. 작은 변화지만 무엇보다 체감효과가 큰 변화였다.

홈페이지는 하나하나 업그레이드되어 갔다. 월별 보기 기능을 추가하고, SNS 계정이나 메일로 기사를 공유할 수 있도록 플러그인도 설치했다. KAIST 도메인을 신청해 newskaistaff. kaist.ac.kr이라는 KAIST 내 정식 주소도 얻었다. 비로소 News KAISTaff가 안정적으로 정착한 느낌이 들었다. 세 들어 살다가 내 집을 장만해서 전입신고까지 마친 기분이랄까?

새내기 가세로 기자단 업그레이드

첫 워크숍 때를 떠올려보자. 지금의 News KAISTaff는 상상하기 어려웠다. 소식지의 방향을 잡고, 이름을 짓고, 기사 작성, 사진 취재, 그림과 이미지를 올리고, 이벤트를 펼치며 홈페이지를 만드는 동안 우리의 꿈은 야물게 영글었다. 한 단계 한 단계 발전하여 어느새 반듯한 미디어로 성장했다. 그리고 그 과정에서 거의 모든 것을 남이 아닌 직원기자단이 직접 일궈냈다. '우리가 뭘 하는 거지?'가 '우리가 뭘 한 거지?'로 바뀐 것이다.

직원기자단은 그렇게 달려왔다. 무모한 것처럼 보이는 도전으로 시작해, 즐기자는 마음으로 밀어붙이듯 소식지를 만들어 왔다. 자신감과 여유는 그렇게 싹텄다. 발전시킬 수 있는 여지도 적지 않다. 잠재력을 지닌 새내기 기자들이 동행해 주었으니 천군만마다. 초년고생일 뿐, News KAISTaff의 도전정신을 가슴에 지닌 채 묵묵히 기사를 쓰다 보면, 미래의 어느 날 News KAISTaff도, 우리도 한층 성장해있을 거라 믿는다.

즐거운 기자 생활을 위해
꼭 기억할 것

숨 막히는 마감… 바빠지는 편집트리오
낙숫물 바위 뚫듯 실력은 두터워져
진지하지만 가벼운 마음이면 이미 활력소

직원기자단 창단 후 1년 동안의 발자취를 돌아보면 끊임없는 도전의 연속이었다. 킥오프미팅과 워크숍을 거쳐 기자단 활동 방향과 소식지의 큰 틀을 잡았고, 제호 공모를 통해 이름을 얻었다. 공식 홈페이지를 열고, 독자들의 참여를 유도하기 위한 이벤트도 진행했다.

모든 도전이 그렇듯 우리의 도전도 순탄치만은 않았다. 인터뷰나 사진 제공 요청을 거절당하기도 했고, 메일링 리스트에서 빼달라는 회신을 받은 적도 있다. 블로그에서 워드프레스로 홈페이지를 옮긴 후 처음 소식지를 발행했을 때는 접속자가 한꺼번에 몰리면서 일일 허용 트래픽 초과로 에러가 발생해 진땀을 빼기도 했다.

주위에서 묻는다. 왜 이런 힘든 도전을 하나? 왜 사서 고생이냐? 그 질문에 대한 우리의 답은 의외로 단순하다. "즐거우려고." 독자들을 생각하면서 만드는 News KAISTaff이지만 그 과정에서 가장 즐거운 사람은 우리, 직원기자단이다. 왜일까. 완전히 새로운 것을 우리 손으로 만들어가는 재미, 그 짜릿한 성취감은 경험해본 사람만 알 수 있다.

일주일에 하루 보람에 투자하기

소식지 한 호가 나오기 위해서 직원기자단은 약 4주의 기간 동안 4회 정도 모인다. 취재와 기사 작성에 주어지는 시간은 대략 2-3주이다. 첫째 주에 아이디어 회의와 기사 배분이 이루어지고, 둘째 주에는 1차 기사 검토, 셋째 주에 2차(최종) 기사 검토가 진행된다. 필요하면 마지막 주에 한 번 더 모여서 최종 기사와 이미지를 함께 검토한다.

1차 기사 검토와 2차 기사 검토를 거쳐 최종 기사를 송고하면, 취합한 기사를 가지고 이메일로 발송할 대표 이미지를 디자인 업체를 통해 제작한다. 각 기사 썸네일 이미지는 기사 내용을 대표하는 사진을 넣거나 디자인 업체에 원하는 느낌을 설명해서 삽화를 넣는다. 최은진 기자가 직접 이미지를 작업할 때도 있다. 이런 디자인 작업에 2-3일 정도 소요된다.

소식지는 매월 셋째 주 월요일에 발송하는데, 최종 디자인을 그 전 주에 확정하고, 메일링 소스를 받아 예약 메일을 건다. 그 기간에 주현규 기자는 최종 기사가 들어오는 대로 홈페이지에 기사를 업로드한다. 다른 기자들이 기사를 제출하고 한숨을 돌릴 때인 발간 직전 일주일이 주현규 기자와 간사에게는 가장 바쁠 때다.

그렇게 해서 News KAISTaff가 발간되고, 이제 숨을 돌릴

만하면 다음 호 기획 회의가 소집된다. 다시 이 사이클의 반복이다. 아이템 논의하고, 취재하고, 기사 쓰고, 디자인하고, 기사 업로드, 발송.

회의는 거의 점심때 진행되기 때문에 업무 시간을 크게 빼앗기지 않지만, 취재와 기사 작성에는 역시 시간이 들 수밖에 없다. 그리고 취재하는 시간과 글 쓰는 시간 외에도, 기사를 기획할 때나, 취재 후 기사 작성 단계에서 생각을 정리하느라 넋놓고 있을 시간도 충분히 필요하다.

부담감은 독, 균형감각은 필수

직원기자단에서 실시했던 설문조사에서 '기자단에 참여할 의향이 있는데 주저하게 되는 이유는 무엇입니까?'라는 질문이 있었다. 83개 응답 중 '지금 담당하고 있는 업무가 많아서'가 29%로 가장 많았다. '기자단에 참여할 경우 너무 많은 시간을 할애해야 할 것 같아서'라는 응답도 19%나 됐다. 역시 업무량과 시간에 관한 걱정이 기자단 참여에 가장 큰 장애물인 듯하다.

한편 2위, 3위 응답은 '참여하고 싶으나 본인의 역량이 부족해서'(25%), '기자단에 기여할 수 있는 부분을 찾지 못해서'(20%)로, 자기 능력에 대한 자신감 부족으로 신청을 망설이는 이들도 많았다. 부족한 시간과 자신감, 이 두 가지는 지금 활동 중인 기자들도 똑같이 고민했었고, 늘 쉽지 않은 도전과제이다.

이를 뛰어넘으려면 균형 감각이 필요하다. 기자단 활동에서 항상 강조하는 점이 있는데, 이 모든 활동과 작업이 누구보다 기자 자신에게 즐겁고 유익한 경험이 되어야 한다는 것이다.

아이템 회의를 하고 기사를 쓰다 보면 뜻대로 안 풀릴 때가 꼭 있다. 기발한 아이디어도 안 떠오르고, 내 기사는 남들보다 뒤처지는 것 같다. 마감일이 돼서야 몰아치듯 써나간 기사는 아쉬움 천지다.

하지만 신기하게도, 그러는 와중에 기자들은 모두 발전하고 있었다. '내가 잘하고 있는 건가' 하는 의심이 끊이지 않는 가운데, 아이디어를 나누고 기사 쓰는 걸 반복하면서 자신도 모르는 사이 실력을 쌓아간 것이다. 바위를 뚫는 낙숫물처럼 천천히, 그러나 꾸준히.

그러니 처음부터 겁먹을 필요가 전혀 없다. 부담감은 오히려 독이 된다. 잘하는 것도 중요하지만 '왜 하는지'를 결코 잊으면 안 된다. 한계에 부딪혔을 때는 동료 기자들과 함께 풀어가면 된다. 단조로운 회사생활에 자극제가 되라고 시작한 일임을 되새기고, 진지하지만 한편으로는 가벼운 마음으로 임하는 게 좋다.

'잘하자'는 마음과 '즐기자'는 마음 사이의 균형만 잘 지킨다면, 기자단 활동은 때때로 건조하고 무료할 수 있는 직장생활에 최고의 활력소가 될 것이다.

김세림

총무팀에 근무하면서 직원기자단 간사를 맡고 있다. 기자 독려(기사 독촉)와 회의 준비(도시락 메뉴 선정)를 전문으로 한다. 가끔 돌아오는 휴간이 기뻤던 건 비밀, 그래도 기자단이 늘 자랑스럽고 뿌듯한 건 안 비밀이다.

PART 3

가을, 해냈다 우리가

어머님,
며느리는 오늘도 기사 쓰고 들어갑니다!

안부전화 못 챙겨도 아이 부탁 땐 SOS
윤기자로 제2의 인생 시작
단톡방 기사보고 제일 먼저 "네 글솜씨 최고다"

따르릉~~

"여보슈~~"

"어머님~~ 뭐하세요? 식사는 하셨어요?"

"먹었지~ 넌?"

"네~ 저도 먹었어요"

"어머님 혹시 오후에 바쁘세요?"

"아니~ 별일 없는데~ 왜?"

"효준이가 장염이라고 해서요 ㅠㅠ"

"아이고~ 또? 자꾸 아파서 어쩌냐~ 그래서 저녁에 온다고?"

"네ㅠㅠ"

"그려~ 어여 데려와~ 니가 고생이 많다"

"고생은요~ 어머님이 고생이시죠~ 그럼 이따 출발할 때 연락 드릴게요"

"어~ 운전 조심해서 와"

나는 나쁜 며느리다. 툭하면 어머님께 아이를 부탁드리면서도 생전 안부 전화 한 통을 안 한다. 먼저 전화를 드릴 때는 용건이 있거나 아이를 맡길 때다. 애 맡길 때만 전화를 하는 것이 죄송하기도 하고, 어쩌다 휴대폰에 내 이름이 뜨면 또 애 맡기려고 하나 싶어 전화를 피하실까 걱정도 되었다. 그래서 정기적으로 안부 전화를 하려고 노력도 해봤다. 하지만 천성이 그리 쉽게 변할까. 금세 예전의 무심한 나로 돌아와 있다. 그러면서 혼자 위로한다. "원래 이렇게 생겨 먹었는데 뭐" 하고 말이다.

고군분투 직장맘 도전!

둘째가 태어나면서 꿈에 그리던 전업주부가 되었지만, 현실은 그리 녹록지 않았다. 유쾌함과 똘끼의 경계를 넘나들며 언제나 밝음의 아이콘이었던 나에게도 육아 우울증이 찾아왔다. 운동도 하고 영어공부도 시작했지만 공허한 마음은 커져만 갔다. 다시 일하고 싶다는 생각이 밀려왔지만 둘째가 너무 어렸다. 한참을 고민하다 일단 이력서나 한 번 내보자 싶었다. 운이 좋았는지 생각보다 금방 다시 일을 할 수 있게 되었다. 직장을 구하고 나니 이제 갓 돌 지난 둘째가 걱정이다.

"감기라도 걸리면 어쩌지?", "입사 초엔 휴가도 별로 없을 텐데 방학 땐 어떡하지?" 저지르고 나니 걱정이다. 남편에게 얘기했더니 (1초의 망설임도 없이) 엄마에게 맡기란다. 아들 키워봐야 소용없단 말이 절로 나온다. 나는 아들만 둘인데.

애 맡기는 게 말처럼 그리 쉬운 줄 아느냐고 핀잔은 주었지만 남편으로 인해 믿는 구석이 생겼다. 솔직히 처음엔 나도 슬쩍 어머님을 떠올리긴 했지만, 친정엄마는 일을 하신다는 핑계로 늘 어머님께만 아이들을 부탁드리는 게 어머님과 남편에게 모두 미안했다. 하지만 엄마에게 맡기라는 남편의 한마디에 왠지 남편에 대한 미안한 마음은 사라졌다. 어머님께만 죄송하면 될 것 같다.

신이 주신 천사표 시어머니

어머님은 흔쾌히 든든한 조력자가 되어주셨다. 엄마의 출근을 어찌 알고 첫 주부터 후두염, 기관지염 등 번갈아 병치레를 해 준 손주들 덕분에 어머님은 한 달 내내 시달리셨지만 싫은 내색 하나 없으셨다. 오히려 아이들을 볼 수 있게 해줘 고맙고 기쁘다고 하셨다. 어머님께 늘 감사하고 송구한 마음이었는데 그렇게 또 감사함 +1, 죄송함 +1이 되었다.

그 후 어머님은 아이들이 어린이집을 옮길 때와 방학 때는 물론 기자단 회식, 중국어 모임 등 지원이 필요한 순간에 언제나 한 줄기 빛이 되어주셨다. 이처럼 다양한 나의 활동기를 늘어놓으면 친정엄마는 애 엄마가 별걸 다 한다고 핀잔이다. 바쁜 남편 덕분에 평일엔 거의 혼자 아이들을 돌봐야 하는 내가 하고 싶은 일을 하려면 누군가의 도움이 필요하고 그분이 시어머니인 것을 알기에 미안한 마음에 하시는 말씀일 것이다. 그 마음을 알기에 어머님께 더욱 감사하고 감사하다.

며느리의 사회 활동을 적극적으로 후원해 주시는 시어머니, 나는 이런 어머님의 며느리가 되어 참 좋다. 남편이 맘에 들지 않는 행동을 할 때마다 남편에게 얘기한다. 신은 나에게 천사표 시어머니를 주셨지만, 남편도 함께 주셨다고. 어머님을 봐서 반품은 하지 않겠다고.

기자단은 내 운명

한 달 내내 소아과에 출근 도장을 찍으며 첫 출근 푸닥거리를 무사히 마치고 새 직장에 익숙해질 즈음 운명 같은 메일이 한 통 날아왔다. 직원기자단 모집!

여기저기 찔러보기를 좋아하는 성격인지라 메일을 받는 순간 '한 번 해볼까?' 생각했다. 하지만 곧 '여기는 KAIST잖아, 잘하는 사람이 얼마나 많겠어, 괜히 신청했다 떨어지는 거 아냐?'하는 생각에 잠시 망설이다 포기했다. 정확히 일주일 후 기자단 모집기간 연장 메일이 날아왔고 홀린 듯이 답장을 보냈다. 그래, 이 길이야! (하하의 '너는 내 운명'이 생각나는 순간이었다.)

어색한 첫 회의가 끝나고 나에게 주어진 첫 임무는 '이달의 직원 수상자' 취재였다. 인터뷰 요청을 전화로 할지 메일로 할지 한참을 고민하다 최대한 업무에 방해되지 않도록 조심스레 메일을 드렸다. 기자로서의 첫발을 내딛는 순간이었다.

만나 뵙고 무슨 질문을 해야 하나, 어떻게 이야기를 풀어가나 걱정과 긴장이 교차했다. 긴장되는 만큼 더 열심히 그리고 꼼꼼히 질문지를 작성했다. 질문지만 한 장 달랑 들고 나서기가 머쓱해 커피와 주스를 사 들고 인터뷰 장소에 갔다.

나는 지금도 나의 첫 인터뷰 대상이 상담센터 선생님이었던 것이 너무나 감사하다. 그분이 아니었다면 첫 인터뷰의 참을 수 없는 어색함으로, 혹은 좌절감으로 일찍이 기자단을 뛰쳐나왔을지도 모른다. 하지만 그분은 KAIST 전 구성원의 정신건강을 책임지는 전문상담사가 아니던가? 탱탱볼처럼 이리 뛰고 저리 뛰는 햇병아리 기자의 횡설수설 인터뷰를 편안하게 제자리로 돌려놓는 용한 재주를 지니셨다. 첫 인터뷰가 그분이었던 것은 윤기자로 제2의 인생을 살게 하려는 하늘의 뜻은 아니었을까?

우리 며느리 최고

전문 상담 선생님의 격려에 힘을 얻어 취재를 마치고 서툰 글솜씨로 끙끙대며 쓴 첫 기사를 가족 단톡방에 올렸다. 어머님이 제일 먼저 우리 며느리 최고라고 답을 주셨다. 아버님의 반응도 뜨겁다.

5살 아들의 '왜요' 공격에 대처하기 위해 말 잘하는 엄마가 되고 싶어 문을 두드린 기자단. 철부지 며느리에게 무한한 사랑과 지지를 보내주시는 시부모님의 자랑거리가 되기 위해 오늘도 윤 기자는 열일(?) 중이다.

어머님 사랑합니다♡

윤미혜

과장된 행동파다. 오버하는 것을 좋아하고, 수다스럽다. 잘난 척도 좋아한다. "나 기사 쓰는 여자"라고 자랑하고 싶어 열심히 기자단 활동 중이다. 나갈 생각은 '1'도 없다.

새벽 끝에
피워 낸 기사

이처럼 열정 하나로 살아온 때가 있었나
객관적이고 참신한 기사 동틀 때까지
KAIST 스토리로 PC 원고지를 채워가리

솔직히 매월 매호가 쉽지 않았다. 정해진 마감일이 다가올 때마다 밤잠을 설쳤다. 마감을 앞둔 주말 저녁, 한글 프로그램을 열어놓았던 것이 저녁놀을 볼 즈음인데 내 눈앞의 '빈 문서 1'은 뿌옇게 밝아오는 새벽하늘 마냥 하얗다. 매월 아이디어를 내는 것도 고민이었고 정해진 주제를 구체화시켜 기사로 써내려가는 것도 어려웠다. 그때마다 생각했다. 대체 어쩌다가, 왜 직원기자단을 시작하게 되었지?

"지금까지는 주변에 머물 뿐이었지만, 이제는 제가 변화의 흐름에 앞장서보고 싶습니다." 기자단 첫 회의에서 나 스스로에게 던진 변화를 향한 출사표다. 돌이켜보면 그것은 허세 가득한 포부가 아니었던가. 그러나 직원기자단에 대한 호기심 반 기대 반으로 선택한 일이니 스스로에 대해 유쾌한 도전을 해보자는 다짐이었다.

팩트를 쫓다가 맞이하는 아침

첫 취재거리는 '진화하는 생태계, 행정 선진화'였다. 마침 선진화 위원으로 참여하고 있어 술술 써질 줄 알았다. 오산이었다. 지나간 시간만큼 남은 시간에 대한 부담도 커졌다. 기사작성은 최대한 주관적인 의견을 삼가고 객관적 사실을 전달해야 한다는 강박관념이 엄습했다. 도서관을 찾았다. 기사작성법에 대한 책들을 훑어보고, 인터넷신문 기사의 구성과 단어 선택을 면밀히 살피며 간극을 좁혀나갔다.

두 번째 아이템은 커피잔 홀더를 이용한 홍보 방법이었다. 첫 기사 작성 이후 정보전달 기사에 자신감이 붙은 상태였고 개인적으로도 흥미 있는 주제였다. 그러나 나 혼자만의 힘으로는 불가능했다. 실제로 홀더를 활용해 홍보했던 경험을 듣지 않고는 기사를 쓸 수 없었다. 마감을 며칠 앞두고 처음으로 일대일 대면 인터뷰를 했다. 많은 이야기를 들었지만 일목요연하게 기사화하는 일은 쉽지 않았다.

두 기사 모두 처음임에도 잘 마무리할 수 있었던 것은 공동 취재를 한 동료가 있었기 때문이다. 큰 보탬이 되었다. 기사 작성이 벽에 부딪힐 때, 어떻게 풀어나가면 좋을지 주저될 때마다 의논했다.

배운 것도 적지 않다. 스스로의 동기와 필요, 쓰고 싶거나 좋아하는 주제가 아니면 취재하고 써내려가기 수월하지 않다는 것을 깨달았다. 7월호 기획회의에서 내민 '깨알Tip' 아이디어는 어렵지 않게 채택이 되었다. 기사의 취지는 실제 도움을 줄 수 있는 작지만 요긴한 노하우를 학교 구성원들에게 전파하는 것이었다. 고맙게도 아이디어를 제공해준 분들의 의견을 모아 코너를 꾸몄는데, 카드뉴스 형태로 해보면 효과적일 것 같다는 의견이 나왔다. 새로운 것을 시도해보려던 터에 옳거니 싶었다. 대학 졸업 후로는 돌려본 적이 없는 일러스트레이터와 포토샵 프로그램을 총동원했다. 유명 매체의 카드뉴스와 견줄 수 없지만 이 시도는 풋풋해도 나의 구상과 딱 들어맞았다.

공문서 작성 기사를 썼던 8월은 한 달의 시간이 모자랄 만큼 분주했다. 개인적으로는 부서를 옮기게 되면서 업무 인계로 바빠지고 새 업무를 부지런히 배우지 않으면 안 되는 시기였다. 여러 소재를 살펴보고 접근하다 보니 교육적인 취지를 담은 기사도 좋겠다는 생각이 들었다. 어찌 보면 나 자신에게도 유용한 기사를 써보려는 시도였지만 더 욕심내어 완성했으면 좋았을 텐데 하는 미련과 아쉬움을 뒤로했다.

37명 동기를 어떻게 인터뷰로 담지?

서울캠퍼스 특집호는 취재가 결정된 순간부터 설렘의 연속이었다. 입사 이래 처음 가보는 서울캠퍼스였고, 궁금증이 꼬리를 물었다. 홍릉의 선생님들께서 우리 기자단을 따뜻하게 맞아줄 때까지는 기쁘고 즐거웠다. 그러나 서울캠퍼스를 떠나온 바로 그 순간부터는 부담의 연속이었다. 설렘만 가득했지 서울캠퍼스의 특징을 어떻게 살려서 글을 쓰면 좋을까. 팩트를 깊이 고민하지 않았는데 여러 이야기를 듣고 오니 머리와 마음만 더 산란했다. 보고 들었던 많은 이야기를 백지에 정리해 나가면서 스케치를 해보았다. 하나의 덩어리로 뭉쳐지는 주제가 있었다. 대전과 서울의 같지만 다르고, 다르지만 같은 문화로 기사를 마무리했다. 에피소드를 들려주며 취재에 도움과 관심을 준 경영대학 교학팀의 곽용호 선생님 덕이 컸다.

한해 마지막인 11월호 아이템은 동트기 전이 가장 어둡다는 말을 몇 번이나 되새기게 할 정도로 어려운 취재였다. 인터뷰 기사 작성을 해보고 싶다는 생각은 강했지만 막상 시작하자니 막막했다. 37명에 이르는 최다인원 기수 입사동기들을 대상으로 한 인터뷰였다. 인터뷰 대상자를 좁혀 기술사업화센터와 중앙분석센터의 실무자 인터뷰로 주제를 바꾸어 심층취재를 하려 했지만, 스크린회의에서 그야말로 대차게 혼이 났다. 부랴부랴 마감 일주일을 앞두고 선배들에게 도움을 부탁했고, 급

한 일정에서도 시간을 내어주신 입사동기 여덟 명의 명랑한 분위기와 즐거운 이야기를 취재하며 오히려 위안과 용기를 얻을 수 있었다. 기사도 현장 분위기를 실어 막힘없이 써내려갈 수 있었다.

입사 이래 직원기자단에서처럼 열의를 가지고 무엇에 몰두해 본 적이 있었나 싶다. 나는 출사표 던지던 그때 그 각오를 끝까지 지켰을까? 아직 시도해 보고 싶은 게 무궁무진하다. 하면 할수록 욕심이 난다는 얘기는 이를 두고 하는 말일 게다. 내가 1년간 들고 온 배턴을 이어받아 함께 뛰어줄 그대는 어디 계신가.

박재서

> 시간이 흐를수록 소중해지는 KAIST에서의 역할이 고민되는 행정직원이다. 다양한 KAIST의 모습을 만나고 소식지에 담아내 보고 싶다.

인터뷰의
매력에 빠지다

몰입하는 취재 현장은 삶의 터닝 포인트
카이스트 문화와 소통하니 알찬 내용과 흥미 발산
댓글이 응원가… 덩달아 올라가는 뿌듯함 게이지

크게 두 가지였다. 기자단에 지원하게 된 이유의 첫 번째는 맡은 업무가 항상 딱딱하고 사실에 입각한 글을 써야 했기 때문이다. 말랑말랑한, 싸이월드 시절 새벽 두 시에 알 수 없는 감정에 심취해 다이어리에 글을 남긴 뒤 다음 날 화들짝 놀라 삭제하던 그 감성에 목말랐던 것 같다. 두 번째 이유는 조금 얍삽하다. 기자단을 통해서 좋은 기사가 나오면 그 기사를 기반으로 업무에 활용할 수 있는 2차 창작물을 파생시킬 수 있지 않을까 하는 생각이었다. 일석이조를 노린 것이다. 아직까진 잘되고 있지 않은 것 같지만.

여섯 번의 기사를 작성하는 동안 재미도 있었지만, 부담도 컸다. 첫 취재는 신입직원 인터뷰였다. 기사 자체에 대한 욕심보다는 열정과 의욕으로 중무장한 신입직원들을 만나 그들의 이야기를 듣다 보면 재미있는 소재가 많이 나오지 않을까 하는 생각으로 접근했다. 그러나 막상 인터뷰를 진행하고 기사를 쓰는 과정에서 '이건 아닌데'라는 생각을 했다. 인터뷰이의 생생한 목소리를 기사에 담고자 하는 의지는 컸으나, 10명이나 되는 인원의 이야기를 전부 기사로 옮기는 건 불가능했다. 불가능함에도 불구하고 무리해서 끼워 넣었고, 완성된 기사는 기사가 아닌 회의 속기록처럼 되어버렸다. 다행히 함께 기사를 준비했던 고은송 기자가 투박하고 밋밋한 나의 기사를 훌륭하게 가공해줘 첫 인터뷰 기사를 KAIST 구성원들에게 소개할 수 있었다.

내 얘기이듯 들어 그 생생함을 기사에 담고

3호에 실렸던 박현영 선임행정원과의 인터뷰는 직원기자단 활동에 터닝 포인트가 되어준 중요한 경험이었다. '책을 냈다는 사실이 꿈만 같아요'라는 제목으로 내보낸 이 기사 이후 많은 직원에게 응원과 칭찬을 받았다. 운 좋게도 인터뷰에 집중할 수 있도록 환경이 뒤따랐다. 아무래도 나 자신이 초보 부모라서 듣고 싶은 이야기도 많았고, 쉽게 찾기 힘든 흥미롭고 신선한 아이템이라는 상황이 여건을 거들었다. 교내 카페에서 박선임 행정원과 여러 이야기를 나누면서 취재 순간순간 100% 몰입했던 기억이 생생하다. 덕분에 준비해간 질문 순서가 뒤죽박죽되기도 했지만, 인터뷰를 끝내고 녹취한 내용을 들어보니 인터뷰를 위한 인터뷰가 아닌 정말 날것의 목소리를 담아냈다는 생각에 마음이 뿌듯했다. 요즘도 일하다가 늘어질 때는 News KAISTaff에 들어가 그 기사의 댓글을 읽으면서 뿌듯함 게이지를 채우곤 한다.

수다만으로도 기사가 된다면 진정성 때문

아찔했던 경험도 있다. 6호에서는 발전재단 사무국 직원 세명과 인터뷰를 했다. 1시간 가량의 대화를 통해 '이번 인터뷰는 대박이다. 기사 제대로 나오겠다.'라는 생각이 들 정도로 흥미진진한 이야기가 물 흐르듯 이어지고 있었다. 다가올 불행은 예상도 하지 못한 채 말이다. 인터뷰를 끝내고 담소를 나누며 스마트폰 녹음 종료 버튼을 눌렀다. 아뿔싸, 파일이 저장되지 않았다. 앱이 강제종료된 것이다. '제발 제발, 안돼'라고 속으로 부르짖으며 앱을 켰으나 녹음은 전혀 되지 않았다. 사진 취재를 담당한 최은진 기자와 머리를 맞대고 내용을 복구하기 위해 노력했으나 생생함이 전혀 묻어나지 않았다. 결국 발전재단 유지영 팀장에게 양해를 구해 인터뷰를 한 번 더 진행하게 되는 초유의 상황이 벌어졌다. 결과적으로 기사가 잘 나와 에피소드로 남았지만, 이 자리를 빌려 인터뷰에 두 번이나 응해준 발전재단 직원분들에게 감사드린다.

인터뷰를 할 때마다 대화에 몰입하다 보면 이야기가 길어지고 분량은 점점 늘어나 기사 작성이 걱정되기도 하지만 그것은 기우다. 직원기자단 탄생이 아니었으면 업무 안팎으로 훌륭한 성과를 내고 콘텐츠를 갖춘 동료들을 만날 수 없었을 것이다. 연초에 제작한 직원기자단 모집 홍보물에서 역설적으로 말하긴 했지만, 진정성만 있다면 수다만 떨어도 양질의 기사가 완성되지 않을까.

김건웅

홍보실에서 일한다. News KAISTaff 취재원들에게 많은 것을 배우고 느끼고 있어 진심으로 감사드린다. 홈페이지에 남긴 댓글들이 정말 큰 힘이 된다.

나는 신입직원인가,
신입기자인가

글쟁이는 '멋쟁이'라는 고정관념이 나를 밀어
"적극지원" 팀장 격려 듣고 신나는 일탈의 길로
진솔하고 믿음 깔린 기사 써 마음부자 되리

마치 무언가에 홀린 듯 기자단과 만났다. 중·고교와 학부 시절을 되돌아보자. 나는 기자나 문학과 관련된 경험이 없고 그래서 제대로 글을 써본 적이 없다. 기자단에 지원한 까닭은 단순하다. 해보고 싶은 욕망이었다. 글을 잘 쓰는 사람은 멋있다는 고정관념에의 도전이었다. 나와 거리가 먼 듯하며 한 번도 체험하지 못한 영역이기에 불쑥 해보고 싶은 욕심도 적지 않았다.

마음을 정하고도 한동안 머뭇거렸다. 기자단 도전이라는 신나는 일탈보다 선뜻 부서장에게 말을 꺼내는, 그 1차 도전하기가 쉽지 않았다. 아직 업무처리가 많이 부족한 신입직원이 기자단에 지원한다는 것은 과욕이라는 생각도 있었다. 초년병이 과연 두 가지 일을 해낼 수 있을지 의문에 꼬리를 물었다.

윤여갑 팀장은 부서 내 신입직원인 이동영 선생과 나에게 종종 저녁을 사주었다. 때마침 저녁 식사 자리가 찾아왔고 이때다 싶었다. 꼭 쥔 두 손에 땀이 밴 채 직원기자단 이야기를 꺼냈다. 윤 팀장은 신입직원의 입사 100일 기념일도 챙겨주는 휴머니스트니까 하며. 모든 것이 우려였고 그는 흔쾌히 수락했다. 더하여 적극적으로 지원해 주겠노라고 거들었다. 앞으로 몇십 년의 직장생활에서 고유 업무도 중요하지만 쉽지 않은 보람찬 세상에 도전해보는 다양한 경험 또한 소중하다는 덕담도 곁들였다. 그날 밤 용감하게 이메일로 기자단에 지원했다.

서울지국장 이라는 마음가짐으로

나는 시험 호 6호가 나오는 동안 2건의 기사를 썼다. 본원 (시설팀 근무)에서는 카이스트의 랜드마크로 떠오른 학술문화관에 대한 취재기사를, 서울캠퍼스(서울캠퍼스운영팀 근무)로 옮긴 뒤에는 한국 과학기술 요람의 역사를 좇은 서울캠퍼스 스토리를 취재했다. 본원 근무 당시 선배들이 학술문화관 현장에 나갈 때면 따라나서 사진 한 장이라도 더 찍고, 직원 워크숍 가는 버스 안에서 정진왕 시설관리부장 옆에 앉아 인터뷰를 하며 학술문화관 건설 당시의 관련 일화를 들었다.

서울캠퍼스로 인사발령이 난 후 서울캠퍼스에 대한 취재를 맡았다. 서울지국, 크게는 특파원의 자세로 News KAISTaff 제작에 나서자고 당차게 마음먹었다. 잇단 취재 덕분에 한국과학기술원(KAIST)의 태동 역사를 기록을 통해 알게 되었다. 큰 수확이다. 첫 돌도 넘기지 않은 사회초년생이고 초보 기자지만 그래서 더 못할 게 없다는 생각을 자주 한다. 내가 쓴 기사가 News KAISTaff에 올라올 때의 뿌듯함은 아무도 모를 것이다. 마치 하늘을 나는 드론과 같다. 꼬리를 물고 달리는 댓글의 기쁨은 기자이니까 맛보는 행복이자 꿀맛이다.

진솔함과 풋풋함을 추구하다

서울캠퍼스 근무 후 영상회의 말고는 기자단 기획 회의에 참석하지 못했다. 서울캠퍼스의 규모가 본원에 비해 작은 만큼 소식은 적겠지만 알찬 뉴스를 전해볼 작정이다. 앞으로 출입처인 서울캠퍼스 면면을 듣고 배워가며 KAIST 구성원들에게 새롭고 밝은 소식을 알릴 계획이다.

한때 '순, 진짜, 참기름'이란 말이 유행한 적이 있다. 100% 참기름이라 해도 믿지 못하는 시류 풍자에 다름 아니다. 나는 믿음 100%의 스토리를 올리는 쿨한 기자이자 멋진 아마추어이고 싶다. 변치 않는 맛을 지닌 참기름처럼 진솔하고 풋풋한 아름다움을 나누고 싶다.

서산대사 작품으로 알려져 있으나 이양연(순조시대 저명한 시인)의 '踏雪(답설)'이라는 유명한 시를 소개하며 입사 및 기자단 입성 둘째 해의 마음가짐과 각오를 다지려 한다. 이 시는 백범 김구 선생의 애송시이기도 하다.

踏雪野中去 不須胡亂行 (답설야중거 불수호란행)
눈 덮인 들판을 걸어갈 때 어지럽게 걷지 마라
今日我行蹟 遂作後人程 (금일아행적 수작후인정)
오늘 내가 간 발자국이 곧 뒷사람의 이정표가 되리니

아무도 가지 않았던 길에 News KAISTaff가 발을 뗐다. 한 땀 한 땀 적어나가는 이 길이 알토란같은 KAIST 행정 조직문화의 밑거름이 되기를 바란다.

양대범

서울캠퍼스 시설감독이고 경험을 중요하게 여긴다. 기자단의 경험은 내 삶의 환기구이자 기분 좋은 추억으로 남을 것 같다. 파릇파릇한 신입직원이지만, 서울 특파원의 자세로 밝고 귀한 소식을 전하고 싶다.

글 잘 쓰는
공대 남자(가 되고 싶다)

"인문계가 아닌데" 편견과 맞서리라 기자단 지원
체계적으로 접근한 '아름다운 은퇴' 취재
생애 첫 작품이 올해의 우수기자상 영예 선물

나는 이공계 출신이다. 수학과 과학이 좋아 공대에 갔고, 화공 분야 석사를 이수했다. 대학에서는 글쓰기보다 수학이나 공학의 계산문제를 껴안고 지샌 밤이 더 많다. 연애시절 문자를 주고받을 때 맞춤법이 틀렸다고 지적받은 적도 있고, 남들이 흔히 하는 블로그, SNS도 멀리해 스스로 작문 기술이 현저히 떨어진다고 생각해왔다. 하지만 천성이 글쓰기를 싫어한 것은 아니었다. 일기장에 혼자 두서없이 생각을 나열하듯 적어보기는 한 터라 쓰는 것에 대한 큰 부담은 없었다.

하지만 직장생활은 달랐다. 입사 후 행정업무 속에 문서와 씨름하게 되었고, 생각보다 글 쓰는 일과 자주 마주쳤다. 한 번은 학생들의 효율적인 장비 사용을 위해 인문계 출신 동료와 함께 장비 교육 동영상 제작 업무를 했다. 나는 주요 정보만 간단하게 적어넣은 것에 반해 인문계 출신인 그는 글을 자세하고 논리적으로 썼다. 그의 글을 읽으면서 같은 주제와 소재로도 결이 다른 글이 나올 수 있다고 판단했다. 그 후 글쓰기에 관심이 커졌다.

이공계가 왜 기자를 하느냐

카이스트 직원기자단 모집공고가 뜨기 직전, 나는 우연히 드라마 〈피노키오〉를 보았다. "보고 싶은 뉴스와 봐야 할 뉴스 중 무엇을 선택하시겠습니까?" 주인공은 드라마 대사의 물음에 유명 가수의 콘서트 소식과 암 발병을 다룬 의학 기사를 예로 들며 "봐야 할 뉴스를 택하겠다"고 말한다. 사람들의 흥미를 끌만한 기사보다는 독자들에게 필요한 사실보도 기사를 택하겠다는 의미이다. 드라마의 상황을 복기해보았다. 기자들의 생활과 가치관이 내 심금을 울렸고, 기자라는 직업이 나에게 아주 매력적으로 다가왔다. 글을 쓰고 싶은 욕심은 있지만, 과연 이공계인 내가 과연 잘 쓸 수 있을까.

걱정이 앞섰다. 괜히 직원기자단에 들어가서 민폐만 끼치는 것은 아닌지 내게 되묻고 또 물었다. 그러나 걱정은 잠시였고, 쓰고자 하는 욕심이 샘솟으며 일단 부딪혀보자는 생각이 들었다. 늘 걷던 익숙한 길을 가지 않고, 새로운 길을 걸어가다가 우연히 만난 멋진 풍경은 어떤가. 그 풍경을 맞듯 이공계라서 기자가 되기 어렵다는 편견을 깨고 도전한다면 직장 내에서 더 많은 즐거움을 얻는 기회도 올 것이라고 생각했다.

그래서 서슴없이 기자단에 지원했다. 주변의 지인들과 친구들은 "이공계인데 왜 기자를 하느냐?"며 냉소 반 의구심 반으

로 바라보는 것 같았다. 나는 마음을 정한 뒤 글 쓰는데 왕도
가 어디 있느냐며 공학적 마인드를 바탕으로 글을 쓸 거라고
항변했다.

독자 입장에서 풀어나간 취재 실타래

내 첫 취재작품은 그해의 우수기자상을 받았으니 나의 항변
은 보란 듯이 통한 셈이다. 퇴직예정 선배직원들 인터뷰 기사
는 초보 글쟁이로서 만만한 취재는 아니었다. 기획단계에서 우
선 수학공식처럼 매뉴얼을 인터뷰 질문, 퇴직예정자 공통 답
변, 경험 등으로 각각 나누었다. 그리고 항상 읽어왔던 이공계
전공 서적의 목차처럼 서론, 본론, 결론으로 기사의 틀을 만들
고 살을 붙였다. 기사를 늘리면 장황해지고 초점이 늘어질 거
라는 예감을 받았다. 어려운 수학 문제를 붙들고 오래 애태우
듯이 기사를 썼다 지우기를 반복했다. 이 과정에서 나는 어떤
글을 쓰고자 하는가를 끊임없이 되물었고, 장고 끝에 독자의
입장에서 궁금한 내용이 무엇일지에 시각을 맞추어 엉킨 실타
래를 풀어나갔다. 그들이 말해준 학교에 대한 사랑, 동료애, 희
로애락 등을 물어 '아름다운 은퇴'라는 제목으로 기사를 올렸
다. 이 인터뷰 기사는 학내 구성원 설문조사에서 가장 많은 격

려추천을 받아, 세밑에 카이스트 행정기자단이 주는 상을 받았다. 이공계 출신 기자도 사람들의 공감을 얻는 기사를 쓸 수 있다는 가능성을 읽었다. 그것은 일종의 촉매였다.

기자단은 기쁨을 주는 촉매

촉매는 반응 물질 이외의 물질로, 그 자신의 화학변화를 받지 않으나 반응속도를 빠르게 해주는 물질이다. 나는 촉매공학을 대학원 전공으로 택했고, 촉매라는 말을 좋아한다. 그래서 내 일에 도움을 주는 물질, 사람을 촉매라고 부르기도 했다. 최근 내게 새로운 촉매가 생겼다. 다름 아닌 News KAISTaff 기자단이다. 기자단이 내 고민을 같이 공감해주고, 산뜻하고 남다른 경험담들을 들려주어 그들에게 많은 도움을 받기 때문이다. 그 도움은 칭찬과 용기라는 북돋움이다. 조금 부족한 기사는 그들의 사랑과 배려가 채워준다.

편집회의에서 줄줄 뽑혀져 나오는 기발한 아이디어와 기획, 오가는 피드백, 현장 인터뷰 등이 내 열정에 기름을 부었고, 참여는 즐거움이 되었다. 기자생활을 하며 만난 사람들, 기자단은 내게 최고의 촉매다. 그들이 없었더라면 이렇게 매달 기사를 작성하기는 쉽지 않았을 것이다.

나는 천부적인 글솜씨가 있는 것도 아니고, 전문적인 교육을 받은 것도 아니다. 그래서 지금까지는 기사문이 일반적으로 갖춰야 할 형식적인 내용과 틀에 맞추기 급급했다. 앞으로는 좋은 기사가 갖춰야 할 조건을 고민하고, 매일 짧은 글을 쓰고, 결혼 후 한동안 쓰지 않았던 연애편지도 보내면서 필력을 키울 것이다. 당당한 기자가 되기 위해 묵묵히 이 길을 가고자 한다.

류현모

화려한 곳에서 즐기는 저녁보다 포장마차 떡볶이를 더 좋아하는 그저 평범한 옆집 남자다. 기자가 되고부터 기사에 대한 숨은 열정을 발견했고 취재 도중 먹먹한 감정으로 스스로를 적시기도 한다. 직원들의 소소한 재미와 소통, 정보 전달, 공감대 형성에 힘쓰고 있다.

배우고 익히고 벗이 찾아오니
즐겁지 아니한가

아이디어 다듬어주는 기자단 포용에 용기백배
"자신 있게 써보자" 주문 걸면 두려움은 저만치
글은 냉정하게… 닻 올렸으니 글로벌 항해를

작년 봄 직원기자단 출범과 기자모집 소식을 접했다. 들여다
보다가 이내 뒤로 가기 버튼을 눌렀다. 내가 어떻게 기자 활동
을, 의구심과 눈앞의 업무 등 여러 구실을 만들어 관심을 돌렸
다. 그러나 그 외면은 오래가지 않았다. 마치 음식을 배불리 먹
고도 배가 고파지면 남기지 말고 다 먹을 걸 후회하듯, 혹은
마음에 쏙 드는 옷을 발견했지만, 가격표를 보고 지나쳐 버린
뒤 아, 샀어야 했는데 하는 미련이었다. 며칠을 고민했다. 그러
다가 변덕스러움을 앞세워 결국 나는 기자단 문을 두드렸다.

이유는 많이 읽고 듣고 써볼 수 있는 기회요, 성취감을 느낄
수 있으리라는 기분 달달한 예감이었다. 입사 1년 차, 현안 업
무 쫓기에 바쁜 애송이가 이런 배부른 활동에 나서도 괜찮을
지 걱정했지만, 팀장님께서는 무슨 말이냐며 흔쾌히 지지해주
었고 그 힘을 얻어 올챙이 기자단 생활은 시작됐다.

체중 내려가듯 원망이 성취감으로

어색하게 인사 나누던 첫 회의가 엊그제다. 모두들 성과를
반신반의했다. 그러나 화기애애하고 진중한 제작 콘텐츠가 분
위기를 갈랐다. '과연 해낼 수 있을까'라는 우려는 일단 해보자
는 긍정흐름으로 바뀌었다. 빼곡하게 채워져 가는 회의보드를

보며 기자활동에 대한 기대감도 커졌다. 동료들이 내뿜는 카이스트 조직문화의 변화와 행정발전에 대한 열의에 놀랐다. 그 열의가 힘이었다. 내가 써본 글이라야 대학 때 꾸역꾸역 채워간 리포트, 10대 때부터 쓰고 있는 일기가 전부인데 어떻게 다른 사람에게 울림을 주는 글을 쓸 수 있을까. 이런 부담과 두려움이 일 때마다 나도 덩달아 자신감을 갖고 써보자고 주문을 걸었다.

미처 1년도 못된 시간이지만 남은 추억은 많다. 원고마감 전날이면 나는 냉탕과 온탕을 오갔다. 바로 이것이라는 외침 → 역량부족을 원망 → 괜한 업무 탓 → 급기야는 죄 없는 News KAISTaff를 나무란 날도 있다. 묘하게도 악전고투 끝에 기사를 송고하고 나면 묵은 체증이 쑥 내려가듯 개운하고 머리가 맑아졌다. 몇 개월 이 리듬을 타고나니 오히려 그 기분에 중독됐다. 의무감, 원망과 자책, 성취감을 느끼며 송고를 마무리했던 기억이 선명하다. 쳇바퀴처럼 그런 날들이 수없이 올 테지만 이 숙명적인 중독에서 빠져나올 때까지 기사쓰기를 계속하는 수밖에 방도는 없지 않을까.

인터뷰와 글쓰기에 대한 부담… 마음 한편에 자리한 남아있는 업무들… 많은 선후배, 동료 직원들의 우려와 같이 기자단에 소속되어 월간 기사를 써내는 것이 여간 쉬운 일은 아니다. 그럼에도 기자단에 계속 남게 되는 이유는 이러한 어려움을 이겨낼 만한 장점이 있다는 것. 가장 큰 장점은 경청이다. 이곳에서는 어떤 아이디어가 올라오든 열린 마음으로 지지하고 응원해준다. 그리고 채워준다. 기자단의 시작은 미약했다. 출범 당시에는 글을 쓰는 사람들이 대거 지원했거나 기사를 내보내는 화려한 플랫폼은 없었다. 허나 기자단은 오래된 소모임처럼 살가웠고 아이디어 하나하나를 귀히 녹여냈다. 모두가 생각을 맞대고 취재에 가속도를 보태준다. 그래서인지 힘들게 생각해 낸 아이템과 어렵게 탈고하는 글이 대접을 받고 돌아서면 유쾌해진다.

기자단 이전에 무얼 했는지는 중요하지 않다. 전공무관 경력무관이다. 숨은 창의력을 발굴해내는 에너지는 소통이다. 사람들은 저마다 초인적인 힘을 갖고 있게 마련인데, 그것을 찾아 기사로 펼쳐 보이는 곳이 이곳이다. 사람으로 풀어나가는 휴먼 스토리에는 또 다른 파워가 있다. KAIST 곳간 지킴이인 발전재단 사무국, 전국을 누비는 영재영입 터미널 입학전형팀, 부드러운 민원해결 경찰청으로 소개된 캠퍼스 폴리스는 기자단이 걷어 올린 훈훈한 이웃 얘기다.

문 두드리며 다가온 이웃 같은 소식지

News KAISTaff가 혹한을 뚫고 새로운 봄을 맞았다. 기쁜 일이다. 아무 연고도 없는 대전에 와 바쁘고 무료한 일상을 지혜롭게 메울 방법을 고민하다 손잡은 기자단 생활도 새봄이다. 더 뿌듯한 소식을 전하기 위해 다양한 얘깃거리를 만나 취재하고, 동료 기자들과 맛있게 점심 도시락을 먹으며 알차게 제작을 하는 원동력은 팀워크다. 사람 마음은 알다가도 모를 구석이 많다. 공부할 때는 빨리 어른이 되어 사회에 나가고 싶더니, 사회에 나오니 또 학교로 돌아가 그 시절 그렇게 데면데면했던 듣기, 쓰기, 읽기를 다시 하고 싶은 마음이 드니 말이다. 기자단 생활이 내 젊은 날의 도우미가 되고 있으니 행복하다.

學而時習之 不亦說乎(배우고 때때로 익히는 것 또한 기쁘지 아니한가). 공자 말씀 중 한 구절이다. 나는 그 뒤를 따르는 有朋自遠方來 不亦樂乎(벗이 멀리서 찾아오니 이 또한 즐겁지 아니한가)라는 대목을 좋아한다. 기자단 활동이 그렇다. 소식지를 만들며 배우고, 익히고, 때때로 새로운 친구들을 맞이하니 이 또한 내 생활에 최고의 기쁨이 아닐 수 없다.

글 쓰는 사람은 자기 글에 빠지는 것을 경계해야 한다고 들었다. 내 다짐 또한 그러하다. 자만하지 않으며, 무겁지 않게 기사를 쓰는 것이 스스로에 대한 바람이자 꾸준히 지켜나갈 좌우명이다. 나아가 원대한 꿈도 있다. News KAISTaff가 신명나는 행정문화 발원의 샘물이 되어 우리 KAIST 사회에 자양분이 되고, 직원들이 그리는 화합의 마중물로 성장하는 것이다. 그 닻을 올렸으니 지구촌으로 퍼져나갈 대망의 글로벌 항해는 계속되겠지.

고은송

KAIST 행정의 에너자이저를 꿈꾸는 청년직원, 친근한 행정 메시지를 전달하는 공감요정을 목표로 뛰는 기자다. 많이 듣고, 보고, 읽고 또 배우려 한다.

고민보다
Go!

지금이라도 포기해버려?
한 달 동안 고민하고 또 고민했지만
선뜻 내 말을 번복할 용기가 나지 않았다

나는 단지 기프티콘을 받고 싶은 한 사람이었다. 댓글 이벤트에 응모하면 기프티콘을 준다는 달콤한 말에 News KAISTaff를 방문했다. 그때는 당첨되기를 바라는 간절한 마음뿐이었다. 내가 표현할 수 있는 가장 화려하고 멋진 말들로 댓글을 꾸몄다. 그 댓글이 나의 운명을 이렇게 바꾸어 놓을 줄 꿈에도 몰랐다.

달콤한 댓글 마케팅에 홀린 듯 지원하다

댓글을 보낸 후 내 댓글이 뽑힐 확률을 계산하며, 다른 댓글과의 내용 비교에 착수했다. 멋진 표현이 많았다. 기사에 달린 수많은 댓글을 보며 궁금해졌다. 저 댓글의 시작도 나처럼 기프티콘을 받고 싶어서였을까, 아니면 정말 기사가 당기고 기획이 좋아서 올린 순수파 댓글일까?

단순한 호기심에 끌린 소식지 홈페이지 탐방은 나를 기자단
모집 공고에까지 내몰았다. 처음에는 아무 생각 없이 공고문
한 글자 한 글자를 읽어 내려갔다. (나는 만화책도 읽는다.) 그러다
문득 내가 그 페이지에 5초 이상 머물고 있다는 사실을 깨달
았다. 묻지도 따지지도 않는다는 파격적인 자격조건. 그뿐인가.
무료 교육기회까지 준다니, 환갑 전에 나만의 책 한 권 쓰겠다
는 꿈을 품고 살던 나에게 절호의 기회가 제 발로 찾아온 것이

다. '지원 사유 : 모집공고를 5초 이상 바라봄', 설마 진짜 되겠어 라는 마음으로 지원 메일을 작성했다.

'환영합니다'로 시작된 메일을 받고 심경이 복잡해졌다. 설마 했던 일이 현실이 되고 나니 이젠 두려워졌다. 열정보다 욕심만으로 치달은 기자단 지원, 그리고 받은 합격 통보였다. 보통 직원에서 직원기자단 겸직으로 발을 떼기까지는 한 달여의 시간이 흘렀다. 수없이 고민했다. 지금이라도 포기할까? 아니야, 노력하면 돼. 다음날은 또 생각이 흔들렸다. 못하겠다고 메일을 보내야겠어. 그러다가 '환영합니다.' 다섯 글자를 다시 보고는 메일함을 닫았다. 나는 내 말을 번복할 용기가 없었다. 숙명이다.

내가 참석한 회의 첫날이다. 수첩을 들고 두근두근 회의장소로 향했다. 기자단은 낯선 나를 포근한 마음으로 맞아주었다. 결정을 고심했던 내가 부끄러워질 정도였다. 회의는 열정으로 넘쳐났다. 나름 통통 튄다고 자부하며 살아왔는데, 기자단에 먼저 들어온 선배들을 보니 입이 떨어지지 않았다. 꾸어다 놓은 보릿자루처럼 인사말 말고는 한마디도 못한 채 회의는 끝났다. 쭈뼛거리다가 아이디어를 낸 것은 두 번째 회의 때다. "가을이니까, 이번엔 댓글 이벤트 대신 촉촉한 삼행시 이벤트를 해보는 건 어떨까요?" 비장한 아이디어도 아닌데 기자단은 작은 용기에 칭찬과 응원을 보내주었다. 칭찬의 짜릿한 매력을 느꼈다.

후배 올 때까지 군불 지피는 마음으로

방송인은 말로, 기자는 기사로 평가받는다. 구어체에 익숙해진 글은 고쳐야 할 부분이 한둘이 아니었다. 쓰고 지우고, 또 지우고 쓴 첫 기사는 그렇게 너덜너덜해졌다. 글 쓰는 게 어렵다고 생각해본 적이 없는데 너무 가혹했다. 고은송 선배기자의 도움을 받아 기사를 탈고했다. 누더기 같은 내 기사에 색을 입혀 멀쩡한 옷으로 되돌려준 그 능력에 감탄했다. 더 배우고 싶어졌다.

회의에서 이런 고민들을 털어놓았다. 기자단은 넋두리처럼 풀어놓은 내 말 하나하나를 흘려듣지 않고 공감해주었다. 공감에서 끝나지 않았다. 기자출신인 송인덕 큰 선배는 세심하게도 막히면 언제든지 물어보라며 기사 작성법부터 헤드라인 뽑는 요령까지 상세히 담긴 비법서를 보내주었다. 천군만마였다. 비법서를 받아들고 하늘을 날 듯 힘을 얻었다. 나도 멋진 기사, 기자다운 기사를 쓸 수 있을 거라며 다음 아이디어 회의를 손꼽아 기다렸다.

나는 카이스트 행정기자단 1.5기다. 2기 기자단이 들어올 때까지 더 노력하며 자랑스런 기자단 분위기에 불을 지필 테다.

굳은 다짐, 뒤따른 얄궂은 운명

2차 편집회의를 앞 둔 주말, 조카들을 데리고 워터파크 여행을 떠났다. 목적지를 10km 남짓 남기고, 워터파크 대신 지옥파크를 경험했다. 교통사고다. 항상 안전운전을 자신했는데, 의지와는 상관없이 사고를 당한 것이다. 아비규환이 따로 없었다. 신나게 노래 부르던 녀석들은 고주파 돌고래 비명을 지르며 울었다. 근무조차 할 수 없을 정도로 다쳤다. 이 무슨 운명의 장난인가, 기자단 활동을 적극적으로 하고 싶었는데. 사고로 인한 입원 후 나는 3주 동안의 공백기를 보내고 기자단에 복귀했다.

첫 기사에 달린 댓글, 이 맛에 기자 하는구나

기자단에 복귀한 그 날 기자생활 후 처음으로 단독 취재 아이템을 얻었다. 추계 체육행사 스케치다. 신입기자인 내게 조금은 접근이 쉬운 취재거리라는 배려였다. 막상 아이템을 배정받았지만 기사 작성에 대한 두려움은 여전했다. 최은진, 류현모 기자의 현장감 있는 사진을 연신 바라보았다. 어떻게 하면 독자들의 시선을 사로잡는 스케치를 할 수 있을까부터 어떤 문체로 작성해야 싱그러울지까지 머리는 구상으로 가득 찼다. 선배들의 기사를 읽고 또 읽었다. 그들의 기사는 명확했고 프로기자들이 쓴 것처럼 완벽했다. 이렇게 고민만 하다가는 데드라인을 놓칠 것만 같았다.

선배들의 기사를 흉내내기 시작했다. 흉내를 내어보니 흥미가 반감됐다. 내 글 아닌 글을 쓰려 하니 문장이 이어지지 않았다. 어수룩하더라도 나만의 기사를, 친구에게 편지하듯 편한 마음으로 써보자. 다시 컴퓨터 앞에 앉았다. 믿는 구석은 부족한 부분을 채워줄 선배들뿐이었다.

다행히 마감일을 지킬 수 있었다. 그리고 이어진 회의에서 비법서를 전수해 준 송인덕 기자를 비롯한 많은 기자에게 스케치 기사가 리얼하고 끌린다는 분에 넘치는 칭찬을 들었다. 수정할 부분이 아예 없지는 않지만 대체적으로 좋다는 평에 어깨가 으쓱해졌다. News KAISTaff 마지막 시범호에 기사가 실렸다. 많으면 수만 명에게 내 기사가 공개된다는 사실은 나를 사시나무처럼 떨게 했지만, 한편으로 그래서 반응이 더 기대되었다. 나는 독자들의 피드백이 궁금했다.

News KAISTaff 6호(시범호)를 알리는 뉴스레터가 왔다. 부끄럽기도 하고 가슴이 두근거려 내 기사를 읽을 수 없었다. 선배들 기사와 댓글을 보며 내 기사에도 댓글이 있을까 하는 마음에 나도 모르게 내 기사를 클릭했다. 기대하지도 않았던 댓글이 주렁주렁 세 개나 달려있었다. 쪽 시간을 투자해 기사에 댓글을 남겨준 애정에 놀랐고, 글이 재미있다는 호평에 다시 놀랐다. 아, 이 맛에 기사 쓰는 거구나. 또 쓰고 싶다, 기사야. 아무래도 난 기자단의 매력에서 못 벗어날 것 같다.

송미선

뾰족한 연필을 좋아한다. 마음도 점점 뾰족해지고 있다. 그러나 뾰족한 연필심이 사각사각 닳아 뭉툭한 연필심이 되듯 뾰족한 마음도 점점 둥글게 다듬어지겠지. 둥글어진 마음이면 삼라만상을 따뜻하게 전할 수 있겠지.

사이렌(Siren)
꿈나무

버틸 자신 없어 도망치듯 빠져나온 업계
발레리나 야망에서 로스쿨교수 된 그녀처럼
이미지 어필의 큰 뜻을 키워보려 하네

컴퓨터에 문제가 있으면 정보통신팀에 문의한다. 전기 배선에 문제가 있을 땐 시설팀에 도움을 청한다. 영문 교정이 필요한 경우 어학센터에 연락한다. 그리고 이미지 작업이 필요하면 업체를 알아봐야 하는데 종종 포스터, 현수막 등의 이미지 작업을 직접 했다가 그런 연유로 기자단까지 입성하게 된 최은진의 이야기를 풀어본다.

나는 디자인을 전공했다. 하지만 전공을 살리지 않았다. 정확하게는 전공을 살려볼 시도는 했으나 바로 포기했다. 학교에서 공부한 디자인을 사회에서 적용하려 해도 수지타산이 맞지 않았다. 디자인 전공생들은 넘쳐났고, 그들 중 학원에서 몇 달을 공부한 뒤 디자이너라고 말하는 사람도 보였다. 게다가 매년 더 많은 졸업생들이 쏟아져 나왔다. 인력풀이 넘치니 문제는 가격경쟁이었다. 시장에는 다양한 단가가 존재했고, '빨리빨리'가 만든 사회여서 빠르면서 합리적인 결과를 도출해내야 했다. 이 바닥에서 버틸 자신이 없었다. 후배들이 치고 올라오는 것도 무서웠다. 그렇다. 그래서 이 업계를 도망쳤다.
일한 만큼의 보상이 따랐다면 더 힘을 내보았을 수도 있었다. 하지만 포도를 숙성시킨 결과가 와인이 될지, 포도즙이 될지 모르는 불확실한 미래 앞에서 더 버티고 싶지 않았다.

나는 어떤 일을 할 수 있을까. 누구든 쉽게 배울 수 있는 일이 무엇인지 고민했다. 그 생각 끝에 내린 결론이었다. 그렇게 행정직 문을 두드렸다.

비용절감 해볼까 들어선 일에 발목

배운 게 도둑질이라 했던가. 배운 게 무언가를 만들어내는 것이니 반복되는 업무가 지루했다. 어느 날 부서 행사준비로 현수막, 포스터 시안을 요청해야 할 일이 생겼다. 이전 제작 단가를 보고 대략 셈이 나왔다. 이 정도 지출이라면 내가 직접 작업할 경우 비용절감을 꽤 할 수 있을 것이다. 그러나 생각에만 그쳤다. 함부로 나서지 말아야 한다는 것을 익히 알고 있는 당시 3년 차 직장인이었으니까.

이런 내 마음을 읽은 것인지 팀장님(현 행정처장님)은 최 선생이 디자인을 전공했으니 직접 만들어 보는 것은 어떨까 제안했다. 업무가 바쁘지 않은 시기여서 옳거니 수락했다. 막상 응하고 나니 걱정이 되었다. 탈탈 털린 탈곡기 시절의 내가, 수업시간마다 검증과 수정을 반복했던 과거가 새록새록 떠올랐다. 정 안되면 예전대로 업체에 맡기면 되니 에라, 모르겠다는 심정으로 제작에 들어갔다. 결과는 깜짝 놀람이었다. 팀장님뿐 아니라 부서원 모두 칭찬 일색이었다. 처음 겪는 일이라 일견 당황했다.

그 일이 계기였다. 급하게 생산해야 할 일이 생길 때 업체가 아닌 내 손을 거치는 경우가 늘어났다. 물론 본업이 바쁘지 않은 때 말이다. 참 묘하다. 그렇게 나온 디자인 상품이 주위의 시선을 빼앗거나 좋아요 라는 품평이 나오면 그때의 기쁨은 말로 형용할 수 없었다.

비주얼 소식지의 조타수를 꿈꾸며

아름다운 노랫소리로 뱃사람들을 유혹한 사이렌(Siren)처럼, 혹은 커피를 좋아한 1등 항해사 스타벅(Starbuck)이 커피향기로 지나가는 사람들을 유혹하듯, 내가 촬영한 사진과 창작한 이미지가 기사 클릭을 유도하는 달콤한 유혹이라면 어떨까. 한 번 클릭하면 스크롤을 맨 아래까지 내릴 수밖에 없도록 만드는.

취미로 시작한 예술이 위인을 만들어내기도 한다. 하버드 로스쿨 최초의 아시아 출신 여성교수 석지영은 청소년기까지만 해도 발레리나를 꿈꾸었고 전 미국 국무장관 콘돌리자 라이스 역시 대학 1학년 때까지 바이올린을 전공하려 했다 MIT 미디어랩의 교수 네리 옥스만은 원래 디자인을 공부했었고 또 한 사람, KAIST 공과대학 교학팀의 최은진 역시 시각디자인을 공부했다.

말보다 행동이 더 많은 표현을 하는 것처럼 비주얼 커뮤니케이션이 차지하는 비중이 늘어나고 있다. 때로는 글보다 이미지가 더 강력하다. 해서 작은 소망 하나, 나는 News KAISTaff에서 춤을 추듯 보람을 느끼며 비주얼 문화를 키워보고 싶다.

세차를 하고 반짝반짝 광을 냈을 때 운전이 더 잘 된다. 목욕을 하고 멋지게 차려 입었을 때 기분은 더 상쾌해진다. 나는 오늘도 언어 외의 번득이는 비주얼 기사로 가독성을 높이는 디자인 행정소식지를 꿈꾼다.

최은진

화백을 꿈꾸었으나 "졸업해서 뭐먹고 살래?" 라는 부모님 말씀에 덜컥 디자인학을 택해, 네 곳의 직장에서 열정 페이의 쓴맛을 보고 다섯 번째 직장에 뿌리를 내렸다. 행정직으로 갈아탄 지 4년이 훌쩍 넘었지만 디자인 전공자라는 꼬리표 때문에 여기저기 불려다니는 외거노비다.

모든 기사는
내 손 안에 있나?

아이디어와 애정 담긴 충고가 원동력
구성원인 독자 입장서 고민 또 고민
서버 마비의 아찔함은 아련한 추억

여느 때와 다름없이 하루의 업무를 시작하기 위해 컴퓨터를 켜고 메일을 열었다. 낯선 제목의 메일 한 통이 눈에 띄었다. KAIST 행정소식지(시범호) 제1호 KAIST Administration Newsletter Vol 1. 아, 전에 기자를 모집한다는 메일을 봤던 기억이 떠오르면서 제목을 클릭했다. (지금에 와서 생각해보면 기자 모집 홍보 메일이 기억에 남아 있던 걸 보면 나도 모르게 마음 한구석에는 "'한 번 해볼까?" 하는 생각이 자리를 잡고 있었던 것 같다.)

메일 내용을 보자마자 기사의 제목, 사진, 그래픽, 전체적인 구성… 역시! 깔끔하게 잘 만들었구나, 나름 속으로 감탄하며 블라인드를 열고 나온 인재라는데 한 번 읽어 볼까 하고 첫 번째 기사를 클릭했다. 그런데 뭐 눈에는 뭐만 보인다고… 기사 내용은 눈에 들어오지 않고 기사를 담고 있는 플랫폼인 네이버 블로그의 디자인과 메뉴 구성에만 계속 신경이 쓰였다. 내가 왜 이러지… 알맹이는 안 보고 왜 자꾸 껍데기만 눈에 들어오지? 기사를 읽는 내내 내 머릿속에는 네이버 블로그가 아닌 다른 플랫폼이었으면 좋겠다는 생각이 떠나질 않았다. 첫 호이니까 그렇지 다음 호에는 좀 더 멋지게 꾸미겠지 하고 기사 창을 닫았다.

다음 날 출근해서 컴퓨터를 켜고 메일을 확인하며 일하려고 하는데 어제 봤던 행정소식지 메일이 자꾸 눈에 거슬렸다. 오지랖도 풍년이라고 어설프게 개인 홈페이지 운영해본 경험이 근거 없는 자신감이 되어 손이 가만히 있지 못하고 기자단의 고은송 기자에게 전화를 걸었다.

'쌤, 기자단에 들어오세요'

주: "선생님, 잘 지내시죠?"

고: "네…."

주: "행정소식지 기사 잘 읽었어요. 쌤은 글도 잘 쓰시네요. 근데 블로그 말고 기사 홈페이지를 하나 만들면 좋을 것 같아요."

고: "기자단에 홈페이지를 만들거나 운영할 사람이 없어요."

주: "워드프레스라고 홈페이지를 어렵지 않게 만들 수 있는 소프트웨어가 있어요. 선생님도 금방 하실 수 있어요."

고: "그래요? 그러면 제가 기자단 회의에서 한 번 이야기해 볼게요."

며칠 후

고: "선생님~ 저 고은송이에요."

주: "네!"

고: "선생님이 기자단에 들어오시는 게 어떨까요?"

주: "네? 워드프레스라는 프로그램이 어려운 게 아니라니깐요. 진짜 금방 배워서 할 수 있어요~!"

… 결국

주: "네…."

이렇게 기자단에 합류하게 되었다. 개인 홈페이지를 만들었던 작은 경험으로 막상 기사 홈페이지를 만들려고 하니 예상치 못한 부담감이 밀려왔다. 우선 생각의 기저부터 바꿔야 했다. 나에서 다른 사람으로, 정확하게는 나에서 KAIST 구성원으로 말이다. 내 홈페이지를 만들 때는 내가 좋아하는 색이나 구성을 고민하다 결정하면 그만이다. 그 이후에는 더 이상 신경 쓰지 않는다. 하지만 기사 홈페이지를 만들 때는 "다른 직원들은 어떤 디자인을 좋아할까?", "이런 구성을 더 직관적으로 생각할까?" 등 생각의 초점이 온통 내가 아닌 KAIST 구성원이었다. 홈페이지의 초안(틀)을 결정하는 일부터 고민의 연속이었다. 다행히도 초안을 결정하여 기자단에게 공개했을 때 긍정적인 반응을 보여주어서 나름 보람을 느낄 수 있었다. (참고로 워드프레스는 고급 기능이 아닌 이상 프로그래밍 언어를 몰라도 어렵지 않게 홈페이지를 만들고 메뉴를 구성할 수 있다.)

기사 쓰고 싶은 욕망은 불타고

시작이 반이라고 기사 홈페이지의 디자인(테마)과 메뉴 구성을 결정하고 나니 왠지 뭔가 다 이룬 것 같은 착각에 잠시 빠져 있었다. 그러는 사이에 기자단은 다음 호 기사의 주제를 선정하고, 분담하고, 얼개를 구성해 갔다. 홈페이지를 담당하고 있어서 기사를 작성하지 않았지만, 그 과정을 옆에서 지켜보는 내내 작은 감동이 밀려왔다. 서로가 작성한 기사에 대해 진심 어린 충고도 하고, 번뜩이는 아이디어를 통해 더욱 풍부한 글이 나오기도 하고, 글쓰기에 대한 애정도 엿볼 수 있었다. "우리 기자단은 참 멋있다!"라고 여러 번 생각했다. 기자단에게는 말하지 않았지만 속으로 "나도 저 과정에 직접 참여하여 글을 한번 써보고 싶다."라고 되뇐 적도 있다. (물론 이 글을 쓰면서 역시 나는 기사를 안 쓰길 잘했다고 생각하지만.)

매호마다 모든 기사가 탈고된 후에는 홈페이지 업로드를 위해 넘어온다. 이때부터 본격적으로 일이 시작된다. 기자 한 명 한 명이 정성스럽게 작성한 기사를 KAIST 구성원들이 즐겁게 읽을 수 있도록 업로드 작업을 한다. 기사에 삽입하는 사진의 크기도 조절하고, 배치도 고민하고, 글자 크기도 조절한다. 때로는 원하는 형태의 배치나 디자인이 구현되지 않아 속상해할 때도 있고, 하나의 기능을 구현하기 위해 몇 시간을 웹 서핑에 투자하기도 한다. 아마 컴퓨터 전공자들이나 웹 프로그래머들이 보면 코웃음 칠 일을 너무나도 진지하게 고민하고 해결하려는 나를 볼 때면 가끔 한심하게 느껴지기도 한다. 몇 시간을 헤매고도 문제를 해결하지 못할 때는 속으로 "괜히 오지랖

넓게 참견해가지고 사서 고생을 하네."라고 생각하기도 한다.
하지만 막상 기사가 메일로 배포되고 관리자 프로그램에서 약
1,000명의 KAIST 구성원들이 기사를 읽는 통계를 확인할 때
면 미친 사람처럼 사무실 의자에 앉아 나도 모르게 미소를 짓
곤 한다. 내가 작성한 기사는 하나도 없지만 내가 업로드 했다
는 그 이유 하나만으로 마치 모두 내가 작성한 기사를 많은 사
람들이 읽고 있다는 착각에 빠져서 말이다.

한 번은 미친 사람처럼 미소를 짓고 있다가 진짜 미쳐버릴
것 같은 일이 벌어진 적도 있다. 현업의 업무와 기사 업로드
가 겹쳐서 새벽에 잠을 설치고 글을 홈페이지에 올렸다. 아침
에 출근하여 News KAISTaff 메일을 클릭해 기사가 모두 잘
올라간 것까지 확인했다. "역시 깔끔하게 잘 올렸네" 라고 혼자
만족해하면서 일을 하고 있었다. 열심히 일을 하고 있는데 고
은송 기자한테 전화가 왔다.

고: "선생님~ News KAISTaff 홈페이지가 오류가 나서 그런
　　지 접속이 안 돼요~"
주: "네? 그럴 리가요. 제가 아침에 출근해서 접속 잘 되는 거
　　확인했는데요. 잠깐만요 제가 한 번 확인해 볼게요."
주: "어! 진짜네요. 이런…."

전화를 끊고 무엇이 문제인지를 확인해 보니 트래픽 용량을 초과하여 홈페이지 서버가 마비된 것이었다. 동시 접속자가 너무 많아 서버가 그 용량을 감당하지 못했던 것이다. 너무 당황스러웠다. 개인 홈페이지라는 구멍가게를 운영하던 노하우로는 전혀 예상하지 못했던 문제였다. 급하게 호스팅 업체에 연락하여 문제를 해결하고 나서야 경험(전문성)의 중요성을 다시 한 번 깨달았다. 이래서 전문가가 필요하구나! 다시 정신을 차리고 그날 종일 News KAISTaff 홈페이지에 문제가 없는 것을 확인하고 나서야 퇴근할 수 있었다.

아직도 부족한 점이 많고 해결할 일도 많지만 하나씩 하나씩 배우면서 그렇게 기자단에 기여하고 싶다. 무엇보다도 모든 기자의 열정이 나의 이런 각오에 불을 붙여주기 때문이다.

주현규

특별히 잘하는 것은 없지만 보통은 되는 것 같고, 담배와 술은 하지 않지만 딱히 건강한 것 같지도 않고, 가정에 충실하다고는 하는데 집에서 인정은 못 받고, 생각은 많은데 논리는 없고. 그래서 기자단 활동을 하는지 모르겠다.

PART 4

겨울, 다시 뛰자

행정소식지가
그리는 꿈

- **방진섭**

희망과 긍정은 화합과 동행의 메시지
더불어 직원문화 키워나간다는 열정
날로 용기백배 행복 파발마 자신감 성숙

News KAISTaff와 이를 만들어내는 KAIST 직원기자단은 외롭지 않다. 2,000명의 직원 중에 11명으로 시작했지만 10명이 가세했고 우리는 2,000명보다 더 많은 구성원과 KAIST 홈페이지를 방문하는 더 많은 사람과 인연을 맺고 있기 때문이다.

처음 시작할 때의 걱정과 두려움은 시범호가 회를 더해갈수록 기쁨과 환희로 바뀌어 갔다. 마치 지구를 지키는 어벤져스 군단처럼 기자단도 시간이 흐를수록 KAIST 직원문화를 지키고 수호하는 사명의식과 열정으로 그 열기는 더욱 뜨거워져 간다.

소통과 공감의 새로운 KAIST 직원문화를 만들고 교수, 직원, 학생이 서로를 존중하고 배려하며 응원하고 격려하는 긍정의 KAIST 문화를 만들고자 하는 것이 우리의 꿈이다. 우리의 꿈은 퇴직하는 선배들의 가슴 따뜻한 이야기에서, 새롭게 KAIST 가족이 되고 희망을 이야기하는 신입직원들의 기사에서, 그리고 캠퍼스의 곳곳에서 맡은 바 소임을 헌신적으로 수행하고 있는 직원들의 다양한 소식에서 이루어지고 있다.

또한, News KAISTaff의 기사들에 달리는 응원의 댓글과 메일을 통해 이야기하는 격려의 메시지, 직원들이 삼삼오오 모여서 나누는 이야기들 속에서 우리의 꿈은 이루어져 가고 있다. 외롭고 미약하게 시작하였으나 이제는 외롭고 미약한 존재가 아니라 뜨거운 용광로와 같은 존재가 되어있다. 많은 구성원이 응원하고 참여하는 열기 속에 무관심과 냉소, 편견과 무시, 비난과 갈등은 News KAISTaff라는 용광로를 통해 화합과 격려, 기쁨과 행복, 우리와 미래가 되어 캠퍼스를 숨 쉬게 만들고 있다.

직원기자단은 News KAISTaff를 기다려주는 구성원이 있고, 미담가화를 담은 기사 하나하나에 웃고 울며 기쁨과 슬픔을 나누고 공감하는 독자들이 있기에 오늘도 행복 소식의 파발마처럼 달려갈 준비가 되어있다.

冬

미담은
돌고 돌고 돌고

■ 김건웅

제보는 큰 도움 되는 취재 재료
제갈량 솥발 같은 화합의 3각 구조
전 구성원 함께하면 파생에너지도 두 배

누구나 다 아는 이야기로 시작해보려고 한다. 만화, 소설, 영화, 드라마 어떤 장르로든 한 번쯤은 접해봤을 중국의 고전 삼국지에서 유비는 제갈량을 찾아가 참모가 돼 주길 요청한다. 무려 세 번이나. 새파란 젊은이에게. 젊은 제갈량은 먼 곳까지 찾아와 준 유비의 정성에 감복해 부엌에 있는 솥발에 비유한 천하삼분지계라는 역사적인 아이디어를 알려주고 실제로 위, 촉, 오라는 세 개의 솥발이 중국을 한동안 지탱한다.

어느 조직이든, 어떤 기관이든 고유의 업무를 수행함으로써 조직이 톱니바퀴처럼 돌아가는 구조는 동일하겠지만 KAIST는 여타 다른 기관보다 더 강한 특수성을 갖는다. 특히 교수, 학생, 직원으로 구성된 구조는 제갈량의 솥발처럼 각자 위치에서 역할을 다 해야만 솥이 한쪽으로 기울어지지 않고 균형 있게 유지될 수 있는 것이다.

그렇다면 여기서 직원이라는 신분은 어떤 성격을 가질까? 어떤 부서에 있냐에 따라 업무는 다르겠지만 한 가지 공통점이 있다면 직원은 시스템을 구축하고 정책과 행사, 연구가 원활하게 돌아갈 수 있는 플랫폼과 다양한 틀을 정립하는 것이다. 영어로 직원은 스태프(Staff)로 번역된다. 방송을 예로 들면 수십 명의 스태프들은 카메라 뒤에서 출연자들이 자유롭게 방송에 녹아들 수 있도록 판을 짜주는 역할을 한다. 대학 직원의 역할도 크게 다르지 않다. 교수와 학생이 연구에 집중하고, 다양한 경험을 할 수 있도록 판을 짜주는 역할을 하는 것이다. 잉글랜드, 스페인, 독일 등에서 지속적으로 우수한 축구 선수가 배출되는 것도 매우 잘 짜여진 유소년 시스템이 기반이 됐기 때문이다. 시스템을 구축하고 매뉴얼을 만드는 것은 기관의 명운을 좌지우지할 정도로 매우 중요한 일이다. 직원들은 매우 중요한 임무를 오늘도 수행 중이다. 자부심을 가져도 된다.

숨어있는 스토리는 무궁무진

다만, 이 업무는 단점이 하나 있다. 바로 티가 나지 않는다는 것이다. KAIST의 온라인, 오프라인 곳곳을 들여다보면 눈이 번쩍 뜨일 정도로 훌륭하게 구축된 시스템이 자리잡고 있다. 하지만 그 시스템을 어느 부서의 누가, 어떤 스토리를 통해 구축하게 됐는지는 해당 부서가 아닌 이상 알기가 어렵다. 물론 공로직원 표창과 이달의 직원상 등 직원사회를 독려하기 위한 제도들이 많이 생기고 있지만 깊이 공감할 수 있는 스토리텔링은 알 방법이 없다.

News KAISTaff는 바로 이 가려운 부분을 긁어줄 수 있다고 자신한다. 캠퍼스 폴리스가 무슨 일을 하는지, 기숙사 사감들이 어떤 애로사항을 겪는지, 발전재단은 대체 어떤 곳인지, 매주 목요일만 되면 날아오는 이노베이션데이 메일이 우리 학교를 어떻게 바꿨는지… 궁금하지만, 알 방법이 없었던 학교 활용법, 오해하고 있던 학교의 정책과 소식들을 News KAISTaff는 소개하고 안내해주는 역할을 한다.

직원기자단은 이러한 소식을 매달 전달하기 위해 1주일에 한 번씩 회의를 한다. 아이템 회의부터 초고 작성, 디자인 회의, 최종 검토까지 마치면 한 달이 순식간에 지나간다. 무엇보다 기자단의 머리를 싸매게 하는 것은 아이템이다. 기사는 요리와 비슷하다. 아무리 잔재주를 부리고 화려한 스킬을 사용해도 결국 재료가 질을 좌우하는 것이다. 즉, 좋은 아이템이 없으면 좋은 기사는 나오기가 매우 어렵다.

이러한 측면에서 News KAISTaff는 직원기자단뿐만이 아닌 KAIST 전 구성원이 만들어야만 한다. 어떻게? 제보와 참여로. 자신의 옆자리에 있는 특출하게 열심히 일하는 직원이 있다면, 우리 부서가 구축한 시스템이 너무 훌륭해서 자랑하고 싶어 뛰쳐나가고 싶을 지경이라면, 칼퇴근을 하는 팀장님이 알고 보니 유튜버라면, 주저 말고 직원기자단에 연락 주시라. 그 제보는 돌고 돌아 언젠가는 자신의 이야기도 News KAISTaff에 실리게 될 것임을 장담할 수 있다. 6번의 News KAISTaff

를 발간하며 다양한 직원들을 인터뷰하면서 겪은 경험은, 인터 뷰에 참여해준 직원들이 주변의 다른 좋은 사례를 소개해줬다 는 것이다. 과거 모 방송사의 '칭찬합시다'처럼 언젠가는 이 글 을 읽고 있는 우리 모두의 투철한 제보 정신을 통해 KAIST 전 구성원의 미담이 소개되는 날을 기대해 본다.

왜 기자단이
하고 싶어?

■ **윤미혜**

고치고 다듬고 내 일터 키우는 자긍심
타오르는 성취감에 오늘도 파이팅
이처럼 긍정 에너지 넘치는 곳 있을까

넌 그게 왜 하고 싶어? 살면서 가장 많이 들어온 말 중 하나이다. 기자단도 그랬다. 기자단 모집 메일을 받았을 때 내 머릿속에 제일 먼저 떠오른 생각은 "재미있겠다."였다. 재미있겠다는 생각이 들면 물불 가리지 않고 일단 시작하고 본다. 이래서 안 되고 저래서 어렵고, 하지 않아야 할, 혹은 하지 못하는 이유를 굳이 찾으려 들면 수도 없이 많을 것이다. 하지만 "재미있다." 이 한 가지 강력한 동인은 수십 가지의 하지 못할 사유를 단숨에 이겨버린다. 적어도 나에게는 그렇다.

처음 기자단에 지원했을 때는 사실 약간의 자신감이 있었다. 매년 연말이면 어김없이 제출해야 하는 평가보고서와 실적보고서, 기획보고서, 업무관련 매뉴얼 및 백서, 보도자료 등 정책부서에 수년간 몸담으며 셀 수 없을 만큼 많은 보고서를 써왔다. 순발력이 떨어져 5살 아들의 "왜요?" 공격에는 무참히 무너져 내렸지만 준비한 내용을 글로 쓰는 일은 약간의 승산이 있겠다 싶었다. 하지만 첫 모임에서 동료들의 당찬 포부와 화려한 경력 및 지원 동기를 들으며 자신감은 어느새 공손과 반성 모드로 변해 있었다. 보고서 좀 써봤다고 잘난 척할 생각 말고 열심히 배워보자는 의지가 솟아났다.

칭찬과 격려의 톱니바퀴

지난 10개월의 기자단 활동에서 느낀 점은 이곳이 필력을 뽐내는 곳이 아니라 함께 만들어가는 방법을 배우는 곳이라는 것이다. 비단 기자단 뿐만 아니라 모든 사회생활이 함께하는 법을 배워가는 과정임은 자명한 사실이다. 하지만 자발적 참여로 이루어진 기자단은 의견을 교환하고 다름을 수용하며 칭찬과 격려를 아끼지 않는 긍정의 에너지가 선순환되는 곳이었다. 싸우고 부딪히며 굴러가는 것이 아니라 칭찬과 격려의 톱니바퀴로 굴러가는 곳이 기자단이다.

종종 정글로도 비유되는 직장에서 이토록 긍정 에너지가 넘쳐나는 곳이 또 있을까? 긍정의 에너지가 흘러넘치는 것도 모자라 멋진 소식지를 6번이나 발간했고, 기자단이 아니었다면 평생 한 번 해보기도 어려웠을 책 쓰는 일까지 해냈으니 말이다. 기자단에 들어오길 정말 잘했다.

매의 눈으로 캠퍼스 전역 관찰

기자단에 들어온 후 바뀐 것이 또 있다. 예전에는 조금 불편해도 그러려니 했던 것들이 조금씩 눈에 들어오기 시작했다. 소식지는 항상 아이템에 목마르다. 소식지를 조금 더 재미있고

유용하고 알찬 정보로 채우기 위해 기자들은 학교 전역을 매의 눈으로 관찰한다. 처음에는 아이템 회의가 잡히면 그때부터 이번엔 무슨 아이디어를 던질지 고민했었다.

기사를 몇 번 쓰고 나서 아이템 선정이 가장 중요하다는 것을 알게 된 후에는 평소에도 기삿거리가 될만하다 싶으면 유심히 보는 습관이 생겼다. 전에는 그냥 지나치던 것들을 다시 돌아보는 일도 많아졌다. 거창하게 얘기하면 일종의 비판의식 같은 것이랄까? 사실 아직 거기까지는 아니지만 관심을 갖고 주변을 조금 더 사랑하게 된 정도인 것은 분명하다. 불편한 것이 있으면 개선하고 좋은 것이 있으면 널리 알려 함께 기뻐하는 직장, 이 멋진 일터를 내 손으로 만들어가고 있는 것이다. 기자가 된 후 알게 된 또 다른 즐거움이다.

하길 잘했다!

생각해보면 기자단에 지원할 때는 재미있겠다는 생각이 가장 컸다. 재미있겠다는 생각이 들어 해야 하는 이유를 찾다 보니 글쓰기 연습도 되고 5살 아들의 '왜요 병' 대처에도 도움이 될 것 같았다. 원내 인맥을 넓히는데도 그만이고.

10개월이 지난 지금의 결론은 역시 '하길 잘했다!' 이다. 자칫 의미 없이 흘려보낼 수도 있는 자투리 시간을 정말 요긴하게도 활용하여 매번 기사를 올렸다. 업무가 바빠 낮 시간에 도통 짬이 안 날 때는 퇴근 후에 아이들을 재우고 새벽까지 기사를 썼다. 가끔은 "본 업무도 아닌데 이렇게까지 시간을 할애할 필요가 있을까" 하는 생각이 들기도 했다. 하지만 기사를 마감했을 때의 성취감은 말할 수 없이 컸고, 시간을 투자할 충분한 가치가 있다는 결론에 이르렀다.

그리고 또 하나. 호랑이는 죽어서 가죽을 남기고 사람은 죽어서 이름을 남긴다고 했던가? 지금은 매우 만족하며 행복한 직장 생활을 하고 있지만, 사람의 앞일은 모른다고 했다. 언젠가 이곳을 떠나게 되더라도 여기에 내가 있었다는 36살 윤 기자의 열정의 흔적을 남길 수 있어 너무나 기쁘다. 한 번 기자는 영원한 기자다.

윤 기자 파이팅!

冬

제2, 제3의
News KAISTaff를 기다리다

■ **방진섭**

화려하고 전문적인 멋은 없지만
사람냄새 나는 투박한 맛이 매력
대학 조직사회에 울림 되기를 기대

웬만한 기업과 기관에서는 보통 사보나 뉴스레터 등의 형태로 홍보지나 소식지를 발행한다. 대학에서는 학보사 등을 통해 학생들이 신문을 발행하고, 본부나 학과, 연구소에서는 이와는 별개로 자체적으로 소식지를 발간한다. 하루에도 우편물이나 메일 등을 통해 수많은 사보와 소식지들을 접하게 된다.

이러한 사보나 소식지는 대부분이 일방적으로 회사나 기업, 기관이나 단체의 소식들을 내부 구성원이나 외부의 고객들과 국민에게 알리는 데 목적을 두고 있다. 그러다 보니 내용이 딱딱하고 독자들과 호흡하며 공감을 이끌어 내기에는 한계가 있다. 또한, 대부분이 외부 전문 업체를 통해서 제작·발간을 하다 보니 표지부터 페이지마다 사진과 이미지들로 그야말로 화려하지만, 무언가 특색이 없이 대동소이하며 편집 이면의 허전함이 느껴진다.

이와 비교해 볼 때 News KAISTaff는 특별하다. 직원들이 소식지를 발간하는 데 의기투합하여 스스로 기자단을 꾸리고 각자의 재능들을 모아 소식지를 발간하는 것은 새로운 도전이다. News KAISTaff는 다른 사보나 소식지처럼 화려하거나 전문적이지 않지만, 잘 정리되지 않은 것 같은 미숙함과 투박함 속에 사람 냄새가 나고 향기로움과 따뜻함이 담겨있다.

'KAIST가 하면 뭐든 다르다'

세계 최고의 대학이라는 미국의 하버드, MIT, 스탠포드 대학이나 영국의 전통적인 옥스포드, 캠브리지 대학에서조차도 직원들이 자발적으로 소식지를 만들고 있다는 이야기를 들어본 적이 없다. 그만큼 News KAISTaff는 세계적으로도 가치를 인정받을 수 있는 특별한 도전 사례이다.

우선, News KAISTaff가 국내 다른 대학들의 직원사회에 작은 울림이 될 수 있었으면 한다. 많은 대학과 그 속의 직원들이 News KAISTaff를 통해 우리도 한 번 해보고자 하는 의지를 갖게 하고, 시작의 물결이 되기를 바란다. 관성과 타성에서 벗어나 직접 소통과 공감의 문화를 만들어가는 기회를 모든 대학의 직원사회에서 자발적으로 만들어가기를 희망한다.

그리고 이러한 물결이 국경을 넘어 세계의 대학들에게도 전파되기를 바란다. KAIST는 이미 세계 최고의 대학들과 경쟁과 협력을 도모하고 있기에 News KAISTaff를 통한 직원사회의 새로운 문화도 자연스럽게 세계 대학들에게 확산될 것으로 기대한다. 이러한 꿈이 오늘도 KAIST 직원기자단을 꿈틀거리게 하는 에너지의 원천이고 포기를 모르게 하는 도전의 열정이자 끈기이다.

사람을 귀하게 여기는
조직문화로

■ **고은송**

국내 최고, 세계를 선도하는 대학 목표
참여–배려–소통 첫 단추는 News KAISTaff
나부터 변화… 모든 것이 신중하고 소중

국내 최고, 세계 선도와 같은 화려한 표현은 KAIST에 늘 따라붙는 수식어이다. 자타공인, 반박 불가다. 교육·연구기관으로서 KAIST의 명성은 나날이 높아져, 여러 분야에서 세계 우수 대학과 어깨를 견주고 있다. 이러한 명성에 발맞추어 최근 우리 조직 문화에도 새로운 바람이 불고 있다.

건강한 조직문화에 생기를 불어넣는 단어, 참여/소통/배려라면 완벽하지 않을까. 다른 건 몰라도 삼박자가 고루 갖추어진 조직에서는 어떤 궂은일도 평화롭게 해결될 수 있을 것만 같다. 그러나 어디에서도 이 세 가지 가치가 모두 100점을 받는 '유토피아'는 아마 찾기 어려울 것이다. 대학이라는 특수성을 가진 조직에서는 더욱 어려울 수 있다. 이 점은 역으로 News KAISTaff의 중요한 목표이기도 하다. 이토록 복잡다단한 대학에서 행정직원은 든든한 지원자와 살림꾼 역할을 해내고 있는데, 이러한 역할이 더 힘을 얻기 위해서는 행정직원들의 목소리가 더욱 잘 들릴 수 있도록 해야 하지 않을까.

직원 목소리 담는 대화 채널

직원들의 목소리, '우리 이야기'는 어디에서 나올까? 인기리에 방영 중인 〈인간극장〉, 〈사람이 좋다〉와 같은 휴먼 다큐멘

터리에나 나올 법한 스토리가 아니어도 괜찮다. 캠퍼스 도처에서 각자의 임무를 충실히 수행하며, 캠퍼스와 조직문화를 가꾸어나가는 사람들을 찾아 News KAISTaff는 그들의 목소리를 가득 담아 널리 알린다면 최상이다. 이러한 취지로 우리는 기숙사 사감, 캠퍼스 폴리스, 문서 수발실의 문을 두드렸다. 특히 Staff TalkTalk 카테고리는 캠퍼스 곳곳에서 활약하고 있는 직원들의 이야기로 채워졌다. 김건웅 기자의 '파란 제복의 수호자, 캠퍼스 폴리스' 기사가 공개되었을 때 많은 조직원이 캠퍼스 폴리스에 뜨거운 응원의 박수를 보냈다. 참여와 소통은 이렇게 시작됐다. 새삼 이러한 방식을 통해 직원 간 소통의 창구, 작은 시작에서부터 점차 넓혀나가고 있는 것 같은 기분에 어깨가 으쓱하다. 앞으로도 우리는 쉼 없이 현장취재에 나서보려 한다.

이러한 참여와 소통이 거듭되면 KAIST 구성원이 있는 곳 어디든 배려의 문화가 파고들게 될 것이다. 사실 News KAISTaff는 나 자신부터 변화하게 했다. 기자단 활동 전까지는 그저 내가 속해있는 이곳이 당연히 어떻게든 잘 운영되고 있겠지 하는 안일한 생각과 좁은 시야로 보냈다. 그러나 학교 살림이 닿는 어디든 이를 위해 일하고 있는 사람들이 있고, 이야기가 있었다. 이러한 경험 덕분에 "내가 하는 일뿐 아니라 다른 어떠한 일도 모두 귀하게 여기자" 하며 연신 다짐하고 반성했다. 여전히 돌이켜봄 직한 일은 많지만, 같은 생각을 하는 사람들이 더 모인다면 분명 KAIST의 조직문화도 최고의 명성을 갖게 되리라.

News KAISTaff는 앞으로도 유익한 행정 소식 전달, 직원들의 소통 창구로 자리하는 등 발전을 꾀할 것이다. 나아가 수년 후, 조금 더 욕심내어 수개월 후에는 우리 기자단과 News KAISTaff에서 시작된 온풍이 조직문화로써 깊이 자리하고, 나아가 세계 유수의 대학에도 알릴 수 있는 자랑거리가 될 수 있을 것이다. 앞으로도 꾸준하게 대내외 정비, 도전 그리고 돌아봄을 반복하며 다시 한 번 도약을 기대한다.

도전은 계속된다

딱딱할 것 같은 편집국은 즐거운 플랫폼
창의력 번득이고 재치의 샘물 콸콸
귀담아듣고 키워드 찾으며 고군분투

신혼 단꿈에 젖어 살았다. 단꿈의 시작은 지난해 춘삼월, 행정뉴스레터 발간 첫 회의다. KAIST 출입기자 후 2002년 언론계를 떠났으니 15년 만에 돌아온 이곳에서 제2의 기자생활이 부활한 셈이다. 그 부활의 노래는 마치 잊고 살았던 신혼의 벅참을 되찾은 행복이었다. 소식지 발간의 보람이 유쾌할 수 있었던 이유다.

한 달 평균 서너 차례 점심시간에 모이는 News KAISTaff 편집국 기획회의는 싱그럽다. 깔끔한 일꾼 김세림 간사가 마련한 도시락과 패스트푸드를 먹으며 소풍 나온 초등학교 어린이들처럼 밤새 준비해온 아이디어를 풀어놓는다. 의견이 왕성하게 오간다. 취재거리와 취재기자를 정하고 편집에 가미할 그래픽과 비주얼 콘텐츠를 확정한다.

아이디어 펼쳐놓는 도시락 편집회의

편집국 회의는 자율에서 출발한다. 자발적이고 능동적인 참여가 빛난다. 촌음을 아껴 모인 회의는 소식지의 힘을 키우는 터미널이다. 기자들은 귀를 세워 동료의 의견을 경청한다. 취재 방향의 줄기에 스킬과 개성어린 곁가지를 얹어주는 배려는 동료애다. 지혜를 아끼지 않으니 나름의 창의력이 샘물이듯 솟아

나온다.

기자단의 목표는 희망의 미래이고 방법은 소통이다. 다부지게 말하면 행정조직의 공감대를 넓히고 발전을 공유할 플랫폼을 세우는 것이다. 희망의 싹은 제호공모였다. 깜짝 놀랐다. 카이스트 행정가족들의 동참은 경쾌했다. 아날로그와 디지털을 넘나드는 재치가 돋보였다. 행정조직의 섬세함과 기지도 읽혔다.

도전정신을 축으로 직원들이 모여 만들어나가는 미디어를 뜻하는 작명 KAIST SKETCH를 비롯 이야기 행정, 행정 톡톡, KaiPRISM, 두런두런, 울림, 카이스토리, 인사이트 등이 올라왔다. 참여의 울림과 공감이 소통이라면 소식지는 이미 2,000여 명의 직원들이 공동제작 중이라는 뿌듯함으로 다시 한 번 행복에 취했다.

KAIST의 곳간은 누가 지키나, KAIST의 시작 서울캠퍼스, 삼행시를 부탁해, 그들의 봄은 우리의 여름보다 뜨겁다, KAIST EV 특공대. 그동안 기자단이 취재 보도한 기사의 헤드라인이다. 궁금증을 불러일으키고 기사의 핵심을 뽑아낸 절묘하고 공들인 제목이고 그 속살엔 공들인 콘텐츠가 있다. 로컬리티의 뒷얘기를 햇살 쪽으로 끌어올려 알리기까지 발로 뛴 기자들의 땀과 애정이 묻어난다. 동기직원 모임현장을 치고 들어가 귀담아듣고 키워드를 찾아낸 고군분투는 어떤가. 그들만의 고충을 걷어 올려 힘과 에너지를 넣어준 싱싱한 현장기사가 자랑스럽다.

서울캠퍼스 입체취재는 또 다른 추억이다. 전체회의와 맨투맨 취재가 이어졌고 이내 1971년 씨 뿌려진 한국 과학기술 요람의 기억을 오랜 책갈피 속에서 찾아냈다. 휴먼스토리와 문화, 시스템을 폭넓게 아우르는 기자단의 대응력과 취재전략, 그 취재력은 해내고야 말겠다는 의지로 보였다. 취재기를 토대로 한 기획 보도도 빼놓을 수 없다.

기자단 역사가 KAIST의 나이테

우리 뉴스레터는 쌍방향 커뮤니케이션을 겨냥한다. 응답 없는 독백이 아니다. 해서 우리 동네 얘기려니 읽고 함께 참여하고 부지런히 소감을 올리는 댓글은 영양제다. 그 피드백이 팀을 바꾸고, 센터를 변화시키고 학교와 세상을 웃게 하고 건강하게 만들기 때문이다.

미래를 만들어가는 중요요소는 다름 아닌 사람이다. 역사와 철학, 뇌과학도 결국 사람이 지배하기 때문이다. News KAISTaff가 나이테를 키워갈수록 기자들의 몫은 소중하다. 힘을 보태고 맥을 이어갈 2기와 후속기자단이 그 나이테다. 댓글부대들도 기꺼이 기자단 문을 두드리시라.

신혼기분에 부풀었던 춘삼월이 코앞이다. KAIST 소식지는 준비 호를 마무리하고 4월 본 호로 새롭게 태어난다. 당당한 제호와 지령을 쌓으며 KAIST의 새 역사를 써내려나간다. 꿈은 준비할 때 이루어진다고 했던가. 도시락 기자단이 봄날의 신접살림과 만날 시간이다. 벌써부터 편집국장과 우리 기자단은 가슴이 콩콩 뛴다.

송인덕

사랑하는 KAIST 대덕캠퍼스에 어김없이 봄이 왔다. 오리연못가에서 장 시벨리우스의 핀란디아를 들으며 행정문화를 꽃피우는 상아탑을 생각한 1년이다. 직원기자단의 초롱초롱한 기획, 취재와 편집노력에 몸서리치도록 행복했던 세월이다.

기자단 모집
홍보 웹툰

행정소식지 기자단

~ News KAISTaff 입성기 ~

어느 날 포탈에 공지가 올라왔다.

KAIST 행정소식지
직원 기자단 모집

행정 소식지 제작에 동참하실 직원 기자단을 모집합니다.

이걸 누가해..
(마음의 소리)

하지만 곧이어 정신을 차렸다.

PC화면은 뒤로가기가 자유롭지만
여긴 잘못하면 돌이킬 수 없다.

그렇게 기자단은 바로 잊어버리고

아직 가슴속에 열정이 남아있는 누군가가
기자단을 잘 이끌어주길 바라며

지금 바로 총무팀에 전화 주세요!

우리팀에만 있기 아까운 팀원,
내가 정말 애정하는 팀원이
더 큰 역량을 펼칠 수 있도록~

전화 한통이면 되는 기자단 지원~

기자단에 관심이 있는 팀원의 눈빛을
빠르게 캐치하셔야 합니다~

■ Produced by 최은진